LIBERTÉ — ÉGALITÉ — FRATERNITÉ

GRAND ORIENT DE FRANCE

Suprême Conseil pour la France et les possessions françaises

LA FRANC-MAÇONNERIE EN FRANCE DEPUIS 1725

(Exposé historique et doctrinal)

DISCOURS PRONONCÉS

Le 16 Juillet 1889

EN SÉANCE DU CONGRÈS MAÇONNIQUE INTERNATIONAL

PAR LES FF.·.

LOUIS AMIABLE ET J.-C. COLFAVRU

Membres du G.·. O.·. de France

(DEUXIÈME TIRAGE)

PARIS

SECRÉTARIAT DU GRAND ORIENT DE FRANCE

1890

LIBERTÉ — ÉGALITÉ — FRATERNITÉ

GRAND ORIENT DE FRANCE

Suprême Conseil pour la France et les possessions françaises

LA

FRANC-MAÇONNERIE EN FRANCE

DEPUIS 1725

(Exposé historique et doctrinal)

DISCOURS PRONONCÉS

Le 16 Juillet 1889

EN SÉANCE DU CONGRÈS MAÇONNIQUE INTERNATIONAL

PAR LES FF.·.

Louis AMIABLE et J.-C. COLFAVRU

Membres du G.·. O.·. de France

(DEUXIÈME TIRAGE)

PARIS

SECRÉTARIAT DU GRAND ORIENT DE FRANCE

1890

DÉCLARATION DES DROITS DE L'HOMME ET DU CITOYEN

PRÉAMBULE

Les représentans du peuple François, constitués en assemblée nationale, considérant que l'ignorance, l'oubli ou le mépris des droits de l'homme sont les seules causes des malheurs publics et de la corruption des gouvernemens, ont résolu d'exposer, dans une déclaration solemnelle, les droits naturels, inaliénables et sacrés de l'homme; afin que cette déclaration, constamment présente à tous les membres du corps social, leur rappelle sans cesse leurs droits et leurs devoirs; afin que les actes du pouvoir législatif et ceux du pouvoir exécutif, pouvant être à chaque instant comparés avec le but de toute institution politique, en soient plus respectés; afin que les réclamations des citoyens, fondées désormais sur des principes simples et incontestables, tournent toujours au maintien de la constitution et du bonheur de tous.

En conséquence, l'assemblée nationale reconnoît et déclare, en présence et sous les auspices de l'Être suprême, les droits [illegible]

ARTICLE PREMIER.

Les hommes naissent et demeurent libres et égaux en droits, les distinctions sociales ne peuvent être fondées que sur l'utilité commune.

II

Le but de toute association politique est la conservation des droits naturels et imprescriptibles de l'homme: ces droits sont la liberté, la propriété, la sûreté, et la résistance à l'oppression.

III.

Le principe de toute souveraineté réside essentiellement dans la nation, nul corps, nul individu ne peut exercer d'autorité qui n'en émane expressément.

IV

La liberté consiste à pouvoir faire tout ce qui ne nuit pas à autrui. Ainsi, l'exercice des droits naturels de chaque homme n'a de bornes que celles qui assurent aux autres membres de la société la jouissance de ces mêmes droits; ces bornes ne peuvent être déterminées que par la loi

V

La loi n'a le droit de défendre que les actions nuisibles à la société. Tout ce qui n'est pas défendu par la loi ne peut être empêché, et nul ne peut être contraint à faire ce qu'elle n'ordonne pas.

VI.

La loi est l'expression de la volonté générale; tous les citoyens ont droit de concourir personnellement, ou par leurs représentans, à sa formation; elle doit être la même pour tous, soit qu'elle protège, soit qu'elle punisse. Tous les citoyens étant égaux à ses yeux, sont également admissibles à toutes dignités, places et emplois publics, selon leur capacité, et sans autres distinctions que celles de leurs vertus et de leurs talens.

VII.

Nul homme ne peut être accusé, arrêté, ni détenu que dans les cas déterminés par la loi, et selon les formes qu'elle a prescrites. Ceux qui sollicitent, expédient, exécutent ou font exécuter des ordres arbitraires, doivent être punis; mais tout citoyen appelé ou saisi en vertu de la loi, doit obéir à l'instant, il se rend coupable par la résistance

VIII.

La loi ne doit établir que des peines strictement et évidemment nécessaires, et nul ne peut être puni qu'en vertu d'une loi établie et promulguée antérieurement au délit, et légalement appliquée.

IX.

Tout homme étant présumé innocent jusqu'à ce qu'il ait été déclaré coupable, s'il est jugé indispensable de l'arrêter, toute rigueur qui ne seroit pas nécessaire pour s'assurer de sa personne doit être sévèrement réprimée par la loi.

X.

[illegible] établi par la loi.

XI.

La libre communication des pensées et des opinions est un des droits les plus précieux de l'homme; tout citoyen peut donc parler, écrire, imprimer librement; sauf à répondre de l'abus de cette liberté dans les cas déterminés par la loi.

XII

La garantie des droits de l'homme et du citoyen nécessite une force publique; cette force est donc instituée pour l'avantage de tous, et non pour l'utilité particulière de ceux à qui elle est confiée.

XIII.

Pour l'entretien de la force publique, et pour les dépenses d'administration, une contribution commune est indispensable: elle doit être également répartie entre tous les citoyens, en raison de leurs facultés.

XIV.

Les citoyens ont le droit de constater par eux-mêmes ou par leurs représentans, la nécessité de la contribution publique, de la consentir librement, d'en suivre l'emploi, et d'en déterminer la quotité, l'assiette, le recouvrement et la durée.

XV.

La société a le droit de demander compte à tout agent public de son administration

XVI.

Toute société, dans laquelle la garantie des droits n'est pas assurée, ni la séparation des pouvoirs déterminée, n'a point de constitution.

XVII.

Les propriétés étant un droit inviolable et sacré, nul ne peut en être privé, si ce n'est lorsque la nécessité publique, légalement constatée, l'exige évidemment, et sous la condition d'une juste et préalable indemnité.

AUX REPRÉSENTANS DU PEUPLE FRANÇOIS.

EXPLICATION DE L'ALLÉGORIE.

PREMIÈRE PARTIE

LA

FRANC-MAÇONNERIE FRANÇAISE

AU DIX-HUITIÈME SIÈCLE

PAR LE F.·.

Louis AMIABLE

Docteur en droit

Maire du Ve arrondissement de Paris

Membre du Grand Collège des rites et membre du Conseil de l'Ordre

Vén.·. et délégué de la R.·. L.·. Isis Montyon (*O.·. de Paris*)

Ancien président et président d'honneur

d'ateliers Symb.·., Capit.·. et Philos.·.

LA

FRANC-MAÇONNERIE FRANÇAISE

AU DIX-HUITIÈME SIÈCLE

Mes FF.·.

En ces jours où la nation française, et avec elle tous les peuples, célèbrent le centenaire de la Révolution, il est juste de rappeler la part que les francs-maçons de France ont prise au plus grand évènement des temps modernes. Nous avons derrière nous un passé qui nous oblige, en même temps qu'il nous honore. Les exemples qu'il a donnés et les leçons qui s'en dégagent ne doivent pas être perdus pour nous et pour ceux qui viendront après nous.

Le Grand Orient de France a estimé qu'il convenait, en cette circonstance solennelle, de retracer à grands traits sa propre histoire, qui remonte par voie de filiation jusqu'à l'apparition de la franc-maçonnerie moderne dans notre pays, et d'y rattacher l'exposé des doctrines dont il a été l'initiateur ou le propagateur. La première partie de cette tâche m'est échue ; et c'est pour moi un grand honneur que d'avoir à mettre en lumière ce qu'a été la franc-maçonnerie française au dix-huitième siècle. Mais aussi la matière ne laissait pas que d'être ardue ; et, au moment où je vous présente le résultat de mon travail, j'ai besoin, mes FF.·., de compter sur votre bienveillante indulgence.

Nos annales du siècle passé sont loin d'être sans obscurité et sans lacune ; bien des faits sont mal connus ; bien des documents ont été oubliés ou égarés ; et l'histoire maçonnique de cette grande époque est encore à faire.

Cette histoire, je ne puis que l'effleurer ici, et en donner un rapide aperçu. Je le ferai, du moins, comme on accomplit un devoir filial, avec un profond sentiment de gratitude et de vénération pour ceux qui nous ont ouvert la voie. Leur mémoire est digne d'être glorifiée, parce qu'ils ont bien mérité de la patrie et de l'humanité. Voyons donc la carrière qu'ont parcourue nos aïeux :

Nous y trouverons leur poussière
Et la trace de leurs vertus.

Le dix-huitième siècle achevait son premier quart, et Louis XV enfant régnait sur la France, lorsque la Franc-Maçonnerie fut introduite dans notre pays. Elle venait d'un pays voisin, où elle avait pris naissance quelques années auparavant.

La Grande Loge d'Angleterre avait été fondée à Londres en 1717, et avait publiquement manifesté son existence. Elle s'était formée par l'union de quatre loges, anciennes déjà, mais où venait à peine de s'effectuer un changement considérable : le remplacement de la maçonnerie manuelle (*operative masonry*) par la maçonnerie spéculative (*speculative masonry*), comme disent les Anglais. Alors, en effet, quelques hommes d'élite, animés des plus nobles sentiments, se firent agréger à ces loges, derniers restes des anciennes corporations de francs maçons, ou constructeurs libres, qui avaient joué un si grand rôle au moyen âge dans toute l'Europe occidentale. Ils y trouvèrent des habitudes de régularité, de moralisation et de tolérance, un esprit de cosmopolitisme, des moyens de reconnaissance à l'usage des seuls adeptes, une organisation et une hiérarchie, des traditions et des légendes remontant à une haute antiquité. Ils eurent la grande et féconde pensée d'employer ces éléments à instituer une association destinée à s'étendre parmi tous les peuples, une société dont les membres travailleraient à s'améliorer eux-mêmes et à améliorer les autres, à détruire les préjugés, à dissiper les erreurs, à faire disparaître les malentendus entre les hommes, à répandre la fraternité universelle, à favoriser les progrès de l'humanité entière. Désormais les francs-maçons ne furent plus des bâtisseurs de temples, de forteresses et d'habitations, mais bien les ouvriers d'un édifice moral qui s'étend et s'augmente toujours.

L'un des principaux, parmi ces fondateurs de la franc-maçonnerie moderne, fut Jean-Théophile Désaguliers, né à La Rochelle en 1683, fils d'un pasteur protestant que la révocation de l'édit de Nantes, en 1685, contraignit de quitter la France avec sa famille. Elève, collaborateur et ami de Newton, il avait, comme savant, une renommée européenne. La part importante qu'il prit à l'œuvre de rénovation est démontrée par ce fait qu'il fut, en 1719, à l'âge de trente-six ans, le troisième grand-maître de la Grande Loge d'Angleterre. Par lui la Franc-Maçonnerie a reçu, dès son origine, l'empreinte du génie français. Et nous avons doublement le devoir de glorifier sa mémoire, comme celle d'un compatriote et d'un ancêtre.

Les principes de l'institution, ainsi que les règles qui présidaient à son organisation et à son fonctionnement, furent officiellement consignés, sous les auspices de la Grande Loge, dans un livre qui parut à Londres, en 1723, sous ce titre : « Les Constitutions des francs-maçons, « contenant l'histoire, les obligations, les règlements, etc. « de cette très ancienne et très respectable confraternité. » Permettez-moi, mes FF.·. d'emprunter à ce document originaire trois brèves citations qui vous montreront combien l'esprit des premiers francs-maçons du siècle passé est resté vivant parmi nous.

Reportons-nous à cette époque, où l'intolérance religieuse régnait encore en maîtresse et imprégnait la loi civile, où le droit de penser librement n'apparaissait aux gouvernements et aux masses que comme une témérité dangereuse. Quel contraste nous trouvons dans le livre de la loi maçonnique! Il rappelle qu'autrefois les francs-maçons avaient pour devoir, dans chaque pays, de professer la religion dominante. Cette règle est abolie; et désormais ils sont obligés seulement « à suivre cette reli-« gion sur laquelle tous les hommes sont d'accord, c'est-« à-dire, à être des hommes bons et sincères, des hommes « d'honneur et de probité. » Et le texte assure formellement la liberté de penser aux adeptes de l'institution, en « laissant à eux-mêmes leurs opinions particulières » (1). Ces déclarations se retrouvent, avec de simples différences d'expression, dans l'article premier de la constitution du Grand Orient de France; et l'on peut dire que notre dernière révision constitutionnelle n'a fait qu'accentuer la ressemblance.

L'article 2 de notre pacte fondamental affirme l'universalité de la Franc-Maçonnerie. Le livre de 1723 l'avait déjà affirmée en ces termes : « Nous sommes de toutes les na-« tions, de toutes les langues, de toutes les familles. » (2)

Si je n'étais limité par les nécessités de ma tâche, il ne me serait pas difficile de faire jaillir de ce même livre les

---

(1) *Though in ancient times masons were charged in every country to be of the religion of that country or nation, whatever it was, yet 'tis now thought more expedient only to oblige them to that religion in which all men agree, leaving their particular opinions to themselves; that is to be good men and true, or men of honour and honesty, by whatever denominations or persuasions they may be distinguished; whereby masonry becomes the center of union, and the means of conciliating true friendship among persons that must have remained at a perpetual distance.* — Ce passage et les deux transcrits ci-après sont extraits de la partie du livre intitulée : THE CHARGES OF A FREE-MASON, *extracted from the ancient records of lodges beyond sea and those of England, Scotland and Ireland, for the use of the Lodges in London.* — Dans l'édition de 1738, sur le titre de laquelle Anderson figure comme auteur, le texte ci-dessus transcrit a été remanié; et les deux autres passages cités ne se retrouvent pas.

(2) *We are also of all nations, tongues, kindreds and languages.*

principes de liberté et d'égalité dont la formule plus précise devait se produire de ce côté-ci de la Manche. Qu'il me soit, du moins, permis de reproduire ici la remarquable formule du précepte qui a trait au troisième terme de notre triple devise : « Vous cultiverez l'amour fraternel, qui est « le fondement et la maîtresse pierre, le ciment et la gloire « de cette ancienne confraternité. » (1)

Telle était cette institution maçonnique, qui n'avait pu se former et s'affirmer au grand jour que dans un pays où la liberté existait déjà, dans une certaine mesure, garantie par la constitution politique, et qui passait dans un pays où les libres esprits subissaient encore le régime de la monarchie absolue.

Ce fut vers l'année 1725, au témoignage de Lalande (2), que la première loge fut établie à Paris par quelques Anglais dont le plus notable était lord Dervent-Waters. En moins de dix ans, la réputation de cette loge attira cinq ou six cents frères à la Franc-Maçonnerie, et fit établir à Paris, successivement, trois autres loges, dont une eut pour vénérable le duc d'Aumont, membre d'une des plus anciennes familles de la noblesse française. Pendant cette première période de dix ans, il n'y avait pas, à proprement parler, une Grande Loge ayant son siège à Paris ; et aucune organisation commune ne reliait les différentes loges qui se formaient sur le territoire français. « On regar-

---

(1) *Finally, all the charges you are to observe, and also those that shall be communicated to you in another way; cultivating brotherly-love, the foundation and cape-stone, the cement and glory of this ancient fraternity.*

(2) L'auteur du présent discours a pris Lalande pour guide dans toute la période à laquelle s'applique le récit, malheureusement fort succinct, laissé par cet éminent franc-maçon. Le Mémoire historique de Lalande a revêtu le caractère officiel par son insertion dans l'État du G.·. O.·. de France (tome Ier, 2e partie, 1777). L'article Franc-Maçon, inséré dans le troisième volume du supplément de l'Encyclopédie, est une reproduction du mémoire avec quelques variantes. Le mémoire et l'article doivent être complétés l'un par l'autre.

« dait comme grand-maître mylord Dervent-Waters », nous dit Lalande; et ce titre semble avoir été pour lui purement honorifique.

Ce personnage, fort engagé dans la politique stuartiste, passa en Angleterre où il fut décapité, dix ans plus tard, pour avoir pris les armes en faveur du prétendant Charles-Édouard. En 1736, lord Harnouester fut choisi par les quatre loges qui existaient alors à Paris : il est, selon la remarque de Lalande, le premier grand-maître qui ait été régulièrement élu. Aucun renseignement biographique ne nous est parvenu sur ce chef de la franc-maçonnerie française; et, sans le témoignage de notre premier historien maçonnique, il pourrait sembler un personnage légendaire, à l'instar de nos deux premiers rois francs, prédécesseurs de Mérovée. De sa grande-maîtrise nous ne savons rien autre, sinon qu'elle dura deux ans. En 1738, nous dit Lalande, on élut le duc d'Antin pour grand-maître perpétuel. C'est la première grande figure de la franc-maçonnerie française. Nous lui devons une place d'honneur dans la galerie de nos aïeux; car elle fut celle d'un homme qui a beaucoup fait pour notre institution, et qui aurait fait plus encore, si une mort prématurée n'avait mis fin à sa trop courte carrière.

Louis de Pardaillan de Gondrin était né le 9 novembre 1707 : il était donc dans sa trente-et-unième année quand il fut élevé à la grande-maîtrise. Il était devenu duc d'Antin, pair de France et gouverneur de l'Orléanais, deux ans auparavant, par la mort de son père, qui était fils de la marquise et du marquis de Montespan, né avant que sa mère ne fut devenue une reine de la main gauche. Il travailla, avec beaucoup de zèle et d'énergie, au développement de la Franc-Maçonnerie, tenant en échec les dispositions malveillantes du roi Louis XV et de son premier ministre, le cardinal de Fleury.

Nous avons de lui un discours qu'il prononça « dans la « Grande Loge solennellement assemblée à Paris », en

1740, probablement le 24 juin, jour de la fête traditionnelle du solstice d'été. Ce morceau d'architecture est le premier manifeste doctrinal de la franc- açonnerie française. Je devais d'autant plus vous le signaler, mes FF.·., qu'il est resté, jusqu'à présent, inaperçu de nos historiens maçonniques, parce qu'il est en quelque sorte enfoui, sous le titre de discours préliminaire, dans la traduction française du livre anglais de 1723, donnée par le F.·. de la Tierce, et qui fut publiée pour la première fois à Francfort-sur-le-Mein en 1742 (1). Nous allons y retrouver les traits caractéristiques de notre institution, tracés d'abord de l'autre côté du détroit; et nous allons voir l'idéal de la Franc-Maçonnerie plus vivement accentué.

« Les hommes ne sont pas distingués essentiellement « par la différence des langues qu'ils parlent, des habits « qu'ils portent, des pays qu'ils occupent, ni des dignités « dont ils sont revêtus. Le monde entier n'est qu'une « grande république, dont chaque nation est une famille et « chaque particulier un enfant. C'est pour faire revivre et « répandre ces essentielles maximes, prises dans la nature « de l'homme, que notre société fut d'abord établie. Nous « voulons réunir tous les hommes d'un esprit éclairé, de « mœurs douces et d'une humeur agréable, non seulement « par l'amour des beaux-arts, mais encore plus par les « grands principes de vertu, de science et de religion, où « l'intérêt de confraternité devient celui du genre humain « entier, où toutes les nations peuvent puiser des connais- « sances solides, et où les sujets de tous les royaumes « peuvent apprendre à se chérir mutuellement, sans re- « noncer à leur patrie . . . .
« . . . . . Quelle obligation n'a-t-on pas à ces hommes « supérieurs qui, sans intérêt grossier, sans même écouter

(1) Ce discours, qui se trouve aux pages 127 et suivantes de l'ouvrage, forme le discours préliminaire de la seconde partie, intitutée : « Les obligations d'un franc-maçon, extraites des anciennes archives

« l'envie naturelle de dominer, ont imaginé un établisse- « ment dont l'unique but est la réunion des esprits et des « cœurs, pour les rendre meilleurs et former, dans la suite « des temps, une nation toute spirituelle, où, sans déroger « aux divers devoirs que la différence des Etats exige, on « créera un peuple nouveau qui, étant composé de plu- « sieurs nations, les cimentera toutes, en quelque sorte, « par le lien de la vertu et de la science. » (1)

Quand le grand-maître de 1740 parle de religion, nous savons déjà ce qu'il faut entendre. Du reste, il précise lui-même, un peu plus loin, le genre d'adoration que doivent pratiquer les francs-maçons, en disant que notre ordre sert à « former des hommes aimables, de bons citoyens, « de bons sujets, inviolables dans leurs promesses, fidèles « adorateurs du dieu de l'amitié, plus amateurs de la « vertu que des récompenses. » (2)

N'est-il pas remarquable, mes FF.·., d'entendre, à la distance d'un siècle et demi, un duc et pair de l'ancien régime présenter la Franc-Maçonnerie comme travaillant à faire du monde entier une grande république dont chaque nation sera une famille ? Et ne croyez pas qu'il s'agisse ici d'une simple métaphore. Je vais vous montrer la pensée du grand-maître accentuée et précisée dans un très curieux petit livre, intitulé « la Franc-Maçonne, » sur la première page duquel on lit qu'il a été publié à Bruxelles en 1744 (3). Cet écrit, qui est une apologie déguisée de la Franc-Maçonnerie, a pour cadre un récit fictif fait par une dame, épouse d'un franc-maçon, laquelle, après des tentatives, aussi vaines que multipliées, pour se faire révéler

(1) Ouvrage cité, p. 128 et 129.

(2) Ouvrage cité, p. 130.

(3) En voici le titre complet : « La Franc-Maçonne, ou révélation des mystères des francs-maçons, par madame ***. » C'est un livre de 80 pages, qui était déjà rare il y a plus d'un siècle. L'auteur du présent discours en possède un exemplaire. Il en existe deux à la bibliothèque de l'Arsenal, à Paris. La bibliothèque du Grand Orient de France n'a pas cet ouvrage.

les mystères maçonniques par son mari, puis par un ami de celui-ci, aurait surpris ces mystères en assistant subrepticement à une tenue de loge. La franc-maçonne, exposant ses conjectures pour pénétrer le fameux secret, dit :

« Il est très naturel de deviner le secret des francs-« maçons par l'examen de ce qu'on leur voit pratiquer « constamment. Ils initient sans distinction les grands et « les petits ; ils se mesurent tous au même niveau ; ils « mangent ensemble pêle-mêle ; ils se répandent dans le « monde entier avec la même uniformité. Il est donc plus « que probable, concluai-je, qu'il n'est question chez eux « que d'une maçonnerie purement symbolique, dont le « secret consiste à bâtir insensiblement une république « universelle et démocratique, dont la reine sera la raison, « et le conseil suprême, l'assemblée des sages. » (1)

Une république universelle et démocratique, voilà l'idéal de la Franc-Maçonnerie, idéal conçu et formulé par nos aïeux un demi-siècle avant la Révolution ! Et je fais remarquer que, pour qu'il n'y eût aucun doute sur la portée de ce qui est dit dans son livre, l'auteur de la Franc-Maçonne a mis en épigraphe, sur le titre, ce passage de l'un des évangiles : « On n'allume point la lampe pour la « mettre sous le boisseau, mais on la met sur le chande-« lier, afin qu'elle éclaire tous ceux qui sont dans la « maison. Ainsi, que votre lumière luise devant les « hommes. »

Si le cosmopolitisme est la note dominante du manifeste de 1740, le patriotisme n'y a pas moins sa place légitime. Arrivé à la péroraison de son discours, le duc d'Antin exprime un vœu empreint d'une noble ambition, et qu'on ne saurait reprocher au chef de la franc-maçonnerie française : il souhaite, il espère que la France deviendra « le centre de l'Ordre, dont la base est la sagesse, la force « et la beauté du génie. » Et il termine en disant :

---

(1) La Franc-Maçonne, p. 17-18.

« C'est dans nos loges à l'avenir, comme dans des écoles « publiques, que les Français verront, sans voyager, les « caractères de toutes les nations, et que les étrangers « apprendront par expérience que la France est la patrie « de tous les peuples, *patria gentis humanæ.* »

Nous ne croyons guère aux prophètes. Et cependant n'y a-t-il pas, dans ces paroles, comme une intuition de l'avenir? Le duc d'Antin n'aurait point parlé autrement, s'il avait pu prévoir l'émouvant spectacle que Paris présente depuis deux mois et demi, Paris, qui n'est pas seulement la capitale de la France, mais que tous les peuples reconnaissent aujourd'hui pour le principal foyer de la civilisation. Le concours de ces innombrables étrangers, venus de toutes les parties du monde pour admirer les merveilles de l'Exposition universelle et pour participer aux fêtes du grand centenaire, prouve hautement qu'ils considèrent notre pays comme leur patrie commune.

Je ne saurais quitter ce magistral morceau d'architecture, ce document capital, sans vous y montrer, mes FF.·., l'origine d'une œuvre littéraire, la plus grande du dix-huitième siècle, et dont l'influence a été décisive sur la marche du progrès humain.

« L'Ordre exige de chacun de nous, — dit le grand- « maître à ses auditeurs, — de contribuer par sa protec- « tion, par sa libéralité ou par son travail, à un vaste « ouvrage auquel nulle académie ne peut suffire, parce « que, toutes ces sociétés étant composées d'un très petit « nombre d'hommes, leur travail ne peut embrasser un « objet aussi étendu.

« Tous les grands-maîtres, en Allemagne, en Angle- « terre, en Italie et ailleurs, exhortent tous les savants et « tous les artisans de la confraternité de s'unir pour four- « nir les matériaux d'un dictionnaire universel des arts « libéraux et des sciences utiles, la théologie et la poli- « tique seules exceptées On a déjà commencé l'ouvrage « à Londres ; et, par la réunion de nos confrères, on

« pourra le porter à sa perfection dans peu d'années. On « y explique non seulement les mots techniques et leur « étymologie, mais on y donne encore l'histoire de chaque « science et de chaque art, leurs principes et la manière « d'y travailler. Par là on réunira les lumières de toutes « les nations dans un seul ouvrage, qui sera comme une « bibliothèque universelle de ce qu'il y a de beau, de « grand, de lumineux, de solide et d'utile dans toutes les « sciences et dans tous les arts nobles. Cet ouvrage aug- « mentera, dans chaque siècle, selon l'augmentation des « lumières ; et il répandra partout, l'émulation et le goût « des belles-lettres et des choses utiles. » (1)

Cela, mes FF.·., n'est rien de moins que le plan, tracé onze ans à l'avance, de l'immense publication qui s'est appelée l'Encyclopédie.

L'ouvrage déjà exécuté à Londres, auquel fait allusion le duc d'Antin, est celui de Chambers, en deux volumes in-folio, qui parut en 1728 sous ce titre : « *Cyclopædia*, ou dictionnaire des arts et des sciences. » — Quoique ce dictionnaire ne fût guère que la refonte d'ouvrages antérieurs du même genre, notamment de celui de Thomas Corneille, il fut considéré en Angleterre comme une œuvre prodigieuse, et valut à son auteur l'honneur d'une tombe à Westminster, qui est le Panthéon des Anglais. Bien autrement prodigieux fut l'ouvrage publié en France, consistant en vingt-huit volumes in-folio, dont dix-sept de texte et onze de planches, auxquels vinrent s'ajouter ensuite cinq volumes supplémentaires, ouvrage dont l'auteur principal fut Diderot, secondé par tout une pléïade d'écrivains d'élite. Mais il ne lui suffisait pas d'avoir des collaborateurs pour mener son œuvre à bonne fin : il lui a fallu aussi de nombreux et généreux souscripteurs, tant en France qu'à l'étranger; il lui a fallu de puissants protecteurs. Comment les aurait-il eus, sans la Franc-Maçonnerie?

(1) Ouvrage cité, p. 136.

Du reste, les dates ici sont démonstratives. Le duc d'Antin prononçait son discours en 1740. On sait que, dès 1741, Diderot prépara sa grande entreprise. Le privilège indispensable à la publication fut obtenu en 1745. Le premier volume de l'Encyclopédie parut en 1751. (1)

Je laisserais incomplet l'exposé de la doctrine maçonnique française d'avant le milieu du dix-huitième siècle, si je ne citais pas un livre français imprimé à Amsterdam en 1747, intitulé : « les Francs-Maçons écrasés. » C'est un écrit dirigé contre la Franc-Maçonnerie, qui contient de fausses révélations et des accusations calomnieuses, mais où se rencontrent des passages élogieux et véridiques. J'en extrais (2) ceci :

« L'Ordre des francs-maçons est une société qui, sous le « titre spécieux de la fraternité la plus étroite, réunit en« semble, et dans les mêmes vues, une infinité de per« sonnes, sans que la diversité de caractères, de penchants « ou de religion y apporte aucun obstacle. Une politique « admirable, répandue dans la doctrine qu'elle enseigne, « l'anime, la soutient et s'étend, non seulement sur les « frères qu'elle rassemble, mais sur tous les habitants du « monde, sans même perdre de vue les nations les plus « féroces et les plus sauvages que l'Amérique renferme « dans son sein. Or cette doctrine, qui est comme l'âme de « la société, qui en vivifie tous les membres, n'est autre « chose, selon les francs-maçons, que ce principe naturel, « que cette loi primitive gravée dans tous les cœurs, et qui « doit être la base de toutes nos actions.

. . . .

« . . . . . En voici les points principaux : l'Egalité et « la Liberté. Ce sont ces prérogatives précieuses que la « société revendique, pour en mettre en possession chacun

---

(1) Œuvres choisies de Diderot (édition du centenaire, Paris, 1884), notice, p. XI.

(2) Pages 9 et 13.

« de ses membres ; ce sont elles qui produisent cet effet « admirable, en tarissant les sources empoisonnées d'où « découlent tous les maux des humains, je veux dire l'am- « bition et l'avarice. »

Dans cette citation textuelle vous venez d'entendre, mes FF.·., les trois mots de fraternité, d'égalité et de liberté qui sont, avec une interversion, les termes mêmes de notre devise. C'est le plus ancien document où l'égalité et la liberté soient formellement présentées comme points principaux de la doctrine maçonnique. Nous en retrouverons tout à l'heure la confirmation, donnée par le Grand Orient de France.

Le duc d'Antin mourut le 9 décembre 1743, après avoir été grand-maître pendant cinq ans et demi environ.

Lorsqu'il avait assumé la grande-maîtrise, la Franc-Maçonnerie était persécutée en France. Le 14 septembre 1737, une ordonnance du lieutenant-général de police avait fait « défenses à toutes personnes, de tel état, qualités et « conditions qu'elles soient, de s'assembler, ni de former « aucune association, sous quelque prétexte et sous quel- « que dénomination que ce soit, et notamment sous celle « de Freys-Maçons », faisant en outre « très expresses « inhibitions et défenses à tous traiteurs, cabaretiers, au- « bergistes et autres, de recevoir lesdites assemblées de « Freys-Maçons, à peine de mille livres d'amende et de « fermeture de leur boutique pour la première contraven- « tion, et d'être poursuivis extraordinairement en cas de « récidive. » (1) Le 24 avril 1738, le pape Clément XII avait lancé sa bulle *In eminenti*, le premier anathème pontifical fulminé contre les francs-maçons, les frappant d'excommunication *ipso facto* et faisant appel contre eux au bras séculier. La France était gouvernée par ce prêtre dévot, qui s'appelait le cardinal de Fleury et qui mourut seule-

(1) Un exemplaire authentique de cette ordonnance existe à la bibliothèque du Grand Orient.

ment en 1743, la même année que le duc d'Antin. Louis XV, conformément à la tradition de nos rois depuis un siècle et demi, avait pour confesseur un jésuite. Néanmoins, pendant ces cinq années, le développement de la Franc-Maçonnerie dans notre pays ne fit que s'accélérer. L'ordonnance de police ne tarda pas à devenir lettre morte; et l'excommunication papale ne fit qu'attirer un plus grand nombre d'adeptes à notre institution. Lalande constate qu'en 1742 le nombre des loges à Paris, qui était de quatre en 1736, s'élevait à vingt-deux. Et nous savons par un livre de l'époque (1), qu'il en existait sept à Rouen en 1743.

Deux jours après la mort du duc d'Antin, son successeur fut élu dans une assemblée de seize maîtres, comme dit Lalande, c'est-à-dire de seize vénérables de loges parisiennes. Il y eut compétition de candidats à la grande-maîtrise. Les voix se partagèrent entre le comte de Clermont, prince du sang, le prince de Conti et le maréchal de Saxe. Le premier des trois eut la majorité. Son élection fut ensuite formellement ratifiée par tous les vénérables et surveillants des loges de Paris, et acceptée par les loges des provinces.

Le nouveau grand-maître perpétuel, Louis de Bourbon-Condé, comte de Clermont, était né en 1709 : il avait donc quarante-quatre ans. Tonsuré à l'âge de neuf ans et pourvu de riches abbayes, il avait obtenu du pape, en 1733, une dispense pour entrer dans la carrière militaire sans re-

(1) L'Ordre des francs-maçons trahi et leur secret révélé, p. 84. — Ce livre porte, comme indication de lieu, cette désignation purement symbolique : à l'Orient, chez G. de l'Etoile, entre l'Equerre et le Compas, vis-à-vis du Soleil couchant. Il n'est pas formellement daté; mais, à la p. 83, il parle de la mort récente du grand-maître français, ce qui fixe sa date. Il n'a, d'ailleurs, que le titre qui soit anti-maçonnique. En réalité, c'est un ouvrage destiné à rappeler aux adeptes les connaissances spéciales que comporte la Franc-Maçonnerie. Son apparence servait à donner le change à la police ou à lui servir de prétexte pour fermer les yeux. — Comme Lalande, l'auteur anonyme de ce livre constate l'existence de vingt-deux loges à Paris (p. XIII et 25).

noncer à ses bénéfices. Il devint très vite général, naturellement, et fut un très médiocre chef d'armée. Il ne fut pas un meilleur chef pour notre Ordre, dont les progrès furent arrêtés, et dont le sort fut même compromis par sa trop longue grande-maîtrise, qui dura jusqu'à sa mort, survenue le 16 juin 1771. (1)

Le comte de Clermont ne fut guère qu'un grand-maître nominal. Presque aussitôt après son élection, il se fit suppléer par un financier nommé Baure; puis, par un maître à danser nommé Lacorne. La Grande Loge n'était que rarement et irrégulièrement réunie. Aucune direction, aucune impulsion n'était donnée aux travaux maçonniques. Des désordres, des abus se produisirent, notamment celui des maîtres de loges perpétuels et inamovibles. La plupart des loges de Paris devinrent des manières de fiefs, concédés à des hommes qui méritaient assurément le titre de maître, dans la moins bonne acception du mot, bien plus que celui de vénérable qui a prévalu plus tard. Il y eut plus d'un trafic pécuniaire pour de pareilles concessions; et les concessionnaires, à leur tour, ne se privaient pas de trafiquer (2). Jusqu'en 1762, où le grand-maître se décida enfin à destituer son substitut Lacorne, ce fut la plus triste époque de la franc-maçonnerie française.

« Cependant, — dit Lalande, — les gens les plus distin-« gués de la Cour et de la Ville étaient agrégés à la Maçon-« nerie... La Grande Loge était surtout composée de per-

---

(1) Cette date est donnée par le Dictionnaire de la Noblesse, de la Chesnaye-Desbois et Badin. — La biographie Michaud donne celle du 15 juin 1770, qui est fort erronée.

(2) Voici la vive peinture de cet état de choses, faite par le Grand Orient dans sa circulaire du 21 février 1776 (Etat du G.·. O.·. de France, tome I, 1re partie) :

« Vicieuse dans ses principes, dangereuse dans leurs conséquences, « l'ancienne administration avait ébranlé notre Ordre jusque dans « ses fondements. L'inamovibilité, ce droit de présider continuelle-« ment ses FF.·., avait détruit les titres les plus chers aux vrais « maçons. La liberté n'était qu'un vain mot, et l'égalité disparaissait « devant un maître inamovible qui disposait à son gré des délibéra-« tions. C'est alors qu'on vit de faux maçons croire que l'on pouvait

« sonnes de distinction ; mais la sécheresse et les détails de « l'administration de l'Ordre et des affaires qu'on y traitait « les écartèrent peu à peu. Les maîtres de loges, qui pri- « rent leurs places, n'étant pas aussi respectés, le travail « de la Grande Loge fut interrompu différentes fois, jus- « qu'à ce qu'en 1762 il y eût une réunion solennelle. L'on « dressa des règlements pour toutes les loges de France. On « délivra des constitutions pour la régularité et l'union des « travaux maçonniques, et l'on perfectionna le régime « de la Maçonnerie en France sous l'autorité de la Grande « Loge. »

Nous avons le registre des délibérations où furent élaborés ces règlements de 1762, qui n'ont jamais été imprimés. Ils contiennent bien quelques améliorations, mais d'importance secondaire. Ils servent seulement à marquer un temps d'arrêt dans la décadence, qu'une réforme profonde pouvait seule changer en une féconde prospérité. Les partisans de Lacorne formèrent une faction qui divisa et troubla le personnel dirigeant. En 1767, à la suite d'une scène regrettable, la Grande Loge de France reçut, de l'autorité civile, l'ordre de ne plus se réunir. Elle obéit, et s'abstint de fonctionner ostensiblement jusqu'à la mort du comte de Clermont.

Alors la véritable activité maçonnique était renfermée dans un certain nombre d'ateliers : là se formaient des hommes, et l'avenir se préparait. Quelques loges relevaient de la Grande Loge d'Angleterre ou d'autres puis-

---

« acheter le droit d'être maître de L.·., pour faire un trafic honteux « de nos mystères. Alors s'élevèrent des ateliers prétendus maçon- « niques, qui bientôt usurpèrent le titre de L.·. Quels ateliers ! où l'on « n'apercevait ni proportion dans les états, ni convenance dans les « mœurs, ni délicatesse dans le choix des ouvriers. Les vrais maçons « gémirent du scandale donné par des hommes qui publiquement « osaient se dire leurs FF.·., et cherchèrent à se dérober aux yeux de « la multitude. Les vraies LL.·. affectaient d'être isolées et crai- « gnaient d'être connues. Les autres ne l'étaient que trop ; et le mé- « pris public, qui ne voyait qu'elles, retombait sur notre Ordre res- « pectable. »

sances maçonniques étrangères. Il y en avait qui vivaient indépendantes, isolées ou formant de petites fédérations. En ce qui concerne celles relevant de la Grande Loge de France, nous avons un petit manuscrit de l'époque qui en donne la liste, ou tableau général, pour 1766 (1). Cent soixante-quatre loges y figurent, dont 71 à Paris, 83 en province, 5 aux colonies, 1 à l'étranger et 2 loges ambulantes. Parmi les vénérables, je relève quelques noms marquants : le duc d'Ayen et le duc de Crussol, le marquis de Briqueville et le marquis de Malouze, les comtes de Choiseul, de Noailles et de Thiessé, les barons de Langeron, de Toussainct et de Tschoudy.

La mort du comte de Clermont fut suivie d'un grand changement dans l'Ordre maçonnique, changement qui n'est rien de moins que la fondation du Grand Orient de France. L'auteur principal en fut un homme d'un nom illustre, appartenant à l'une des premières familles de la noblesse française, et qui aurait pu prétendre aux plus grands emplois, s'il n'avait préféré consacrer la meilleure partie de son activité au développement et à la grandeur de notre institution. Sa mémoire ne doit pas être moins glorifiée par nous que celle du duc d'Antin.

Anne-Charles-Sigismond de Montmorency-Luxembourg, âgé de trente-trois ans en 1771, était duc de Luxembourg et de Chatillon, pair et premier baron chrétien de France, brigadier des armées du roi. Plus tard, il avança en grade et fut nommé lieutenant-général. Dès l'année 1762, colonel du régiment de Hainaut (infanterie), il avait fondé dans ce corps militaire une loge qui prit son nom et dont il était resté le vénérable. Le comte de Clermont, vers la fin de sa vie, l'avait choisi pour gouverner l'ordre maçonnique à sa place, avec le titre d'administrateur général, et l'avait chargé d'initier un prince de la famille royale, le

(1) Ce tableau est à la bibliothèque du Grand Orient.

jeune duc de Chartres, pour que celui-ci pût recueillir l'héritage de la grande-maîtrise (1).

Le 24 juin 1771, huit jours après la mort du comte de Clermont, la Grande Loge, assemblée pour la principale fête d'Ordre, nomma le duc de Chartres grand-maître, et le duc de Luxembourg administrateur général. Les maîtres des loges de Paris concoururent seuls à cette double élection. Le duc de Luxembourg ne différa point d'exercer les fonctions qui lui étaient dévolues. Mais le duc de Chartres fit attendre son acceptation jusqu'au 5 avril de l'année suivante, et il ne fit jamais acte de grand maître de la Grande Loge de France. Celui qui venait de prendre les rênes du gouvernement maçonnique n'avait pas tardé, en effet, à se rendre compte qu'il lui serait impossible de réaliser la régénération nécessaire au moyen des hommes composant cette Grande Loge. Sa politique fut donc de temporiser, d'augmenter son influence personnelle, d'élaborer secrètement un plan de réformes, et d'y rallier le plus grand nombre possible de francs-maçons notables, tant à Paris que dans les provinces. Ce travail occulte, mené comme une conspiration, dura plus d'un an.

Quand le duc de Luxembourg jugea le terrain suffisamment préparé, au lieu de saisir la Grande Loge d'une proposition réformatrice, il réunit les maîtres de Paris et leur fit nommer huit commissaires pour rédiger de nouveaux statuts. Six mois furent employés par eux à ce travail. Lorsqu'il eut été mené à bonne fin, l'administrateur général, prenant une initiative sans précédent, invita les loges des provinces à se faire représenter à Paris par des députés pour délibérer sur le projet et, d'une manière générale, pour s'occuper du bien de l'Ordre.

Les députés ainsi convoqués se réunirent au commen-

---

(1) Déclaration du duc de Luxembourg, en date du 1er mai 1772, reproduite par Besuchet aux pages 47 et 48 du tome Ier de son Précis historique de la Franc-Maçonnerie, Paris, Rapilly, 1829, 2 volumes in-8°.

cement de mars 1773 (1). Leur premier acte fut de confirmer la double élection du grand-maître et de l'administrateur général, faite le 24 juin 1771. Puis, conjointement avec les huit commissaires parisiens, et sous la présidence du duc de Luxembourg, pour bien marquer qu'ils entendaient inaugurer un nouvel ordre de choses, ils prononcèrent virtuellement la déchéance de la Grande Loge à laquelle ils s'étaient rattachés jusque là, en proclamant « un seul « et unique tribunal de l'Ordre, sous le titre distinctif de « Grande Loge Nationale de France, en laquelle se réu« nissait, en ce moment, la plénitude des pouvoirs de « l'Ordre. » Toutes les réunions furent, dès lors, présidées par le duc de Luxembourg : elles avaient lieu dans l'hôtel de Chaulnes, qui était sa résidence.

Au mois d'avril, les huit commissaires, rédacteurs du projet de statuts, furent remplacés par quatorze députés des loges de Paris, qui venaient d'être élus, non point par ces loges directement, mais par leurs maîtres ou vénérables répartis en cinq divisions. Telle fut la composition définitive de l'assemblée qu'on peut appeler la première constituante maçonnique.

Pendant le temps qui s'écoula jusqu'au 26 juin, cette assemblée discuta et vota l'organisation générale de la collectivité nouvelle, en quatre chapitres réunis sous ce titre : « Statuts de l'ordre royal de la Franc-Maçonnerie en France (2). Deux jours avant l'achèvement de ce travail, le 24 juin, la fête solsticiale d'été fut célébrée magnifiquement en l'hôtel de Chaulnes, aux frais du duc de Luxembourg. Au commencement du mois d'octobre suivant, les

---

(1) La constatation des faits qui sont ici résumés se trouve dans la première circulaire imprimée du Grand Orient de France, dont la rédaction fut arrêtée le 26 juin 1773 (7 pages in-quarto) et dans les annexes qui la suivent (p. 9-32). Parmi ces annexes sont : 1° les extraits des procès-verbaux des assemblées tenues à partir du 5 mars jusqu'au 26 juin, 2° le tableau des députés ayant pris part aux opérations de la Grande Loge Nationale, 3° le tableau des officiers du Grand Orient.

(2) Imprimé de 35 pages in-4°.

actes de l'assemblée et le texte des statuts furent solennellement présentés au duc de Chartres, qui déclara approuver toutes les opérations faites jusque là, et qui promit sa protection à l'Ordre (1). Le 22 du même mois, ce prince fut solennellement installé en qualité de grand-maître : la cérémonie fut célébrée en grande pompe dans une maison de plaisance qu'il possédait au faubourg Saint-Antoine, connue sous le nom de Folie-Titon. Ce ne fut pas le duc de Chartres qui en paya les frais.

Louis-Philippe-Joseph d'Orléans avait vingt-quatre ans lorsqu'il fut définitivement investi de la grande-maîtrise. Il était arrière-petit-fils du Régent. Il porta le titre de duc de Chartres jusqu'à la mort de son père, survenue en 1785, et devint alors, à son tour, duc d'Orléans. Pour la Franc-Maçonnerie il fut un monarque plus sincèrement constitutionnel que son fils Louis-Philippe ne devait l'être, plus tard, comme roi des Français : il régna sans gouverner, n'ayant même pas besoin de choisir ses ministres. Il borna son rôle à figurer, de loin en loin, dans quelque cérémonie d'apparat : si bien qu'il put se figurer, en 1793, n'avoir jamais été franc-maçon.

Tout autre fut le rôle du duc de Luxembourg, dont les pouvoirs furent renouvelés par plusieurs réélections, et qui resta administrateur général jusqu'en 1789. Pendant cette période, qu'on peut appeler l'âge d'or de la franc-maçonnerie française, il fut constamment pour ceux qui concouraient avec lui au gouvernement de l'Ordre, un guide sûr et un inspirateur sagace.

Grâce à cet homme éminent, profondément pénétré de l'esprit de notre institution, l'évolution de la franc-maçonnerie française put s'opérer dans le sens démocratique,

---

(1) Planche à tracer générale de l'installation du très sérénissime, très respectable et très cher frère Louis-Philippe-Joseph d'Orléans, duc de Chartres, prince du sang, en qualité de grand-maître de l'Ordre de la Franche-Maçonnerie en France (imprimé de 23 pages in-4º), p. 4.

sans brusquerie mais sans lenteur. C'est ainsi que l'expression d'Ordre royal, consacrée tout d'abord par les statuts, ne tarda pas à être écartée comme en désaccord avec le principe d'égalité; et on la remplaça par celle d'Ordre maçonnique. La déclaration en fut faite solennellement par le grand orateur, en 1777, dans la séance où, pour la première fois, le duc de Chartre présida l'assemblée générale du Grand Orient (1).

Je dois, mes FF.·., retenir pendant quelques instants votre attention sur la consistance et la portée du changement accompli dans la franc-maçonnerie française en 1773. Par son caractère profondément novateur et par l'importance de ses résultats, non moins que par la manière dont il se produisit, ce changement fut une véritable révolution, comme le qualifia ensuite un document officiel (2).

Il se distingue surtout par deux réformes principales, préconisées comme donnant satisfaction aux principes de liberté et d'égalité : la suppression de l'inamovibilité du maître de loge et l'établissement du régime représentatif.

Désormais il ne dut y avoir dans les ateliers que des officiers électifs et temporaires, dont les pouvoirs n'avaient qu'un an de durée; et le titre de maître de loge, emprunté à la terminologie anglaise, fut définitivement remplacé par celui de vénérable (3). Cela n'était pas pour plaire à tous les possesseurs de fiefs maçonniques : aussi un certain nombre d'entre eux tinrent-ils leurs loges à l'écart de l'organisation nouvelle, formant une agrégation qui prétendit continuer l'ancienne Grande Loge de France, et qui fut connue sous la dénomination de Grande Loge de Clermont, rappelant le nom de l'ancien grand-maître. La col-

(1) Etat du G.·. O.·. de France, tome I, 4e partie, p. 20.

(2) Circulaire du Grand Orient en date du 21 février 1776 (Etat du G.·. O.·. de France, tome I, 1re partie, p. 17).

(3) Statuts, chapitre I, section 2e, article 4.

lectivité dissidente traîna péniblement et obscurément son existence jusqu'en 1799, époque où elle se fusionna dans le sein du Grand Orient.

Dans l'ancienne organisation, les loges de province ne concouraient point à l'administration générale. Leurs vénérables, il est vrai, avaient, comme ceux de Paris, le droit de siéger dans les assemblées de la Grande Loge; mais c'était une faculté illusoire, à une époque où il fallait plus de temps pour aller de Paris à Lyon qu'il n'en faut aujourd'hui pour aller à Constantinople ou à Saint-Pétersbourg. — Avec le nouveau régime, toutes les loges dûrent être représentées au centre commun par des députés spécialement élus. Toutefois, il fut admis que tout vénérable pourrait siéger aux assemblées avec voix délibérative, le délégué de sa loge n'ayant plus alors que voix consultative. Un peu avant 1789, cette règle fut changée relativement aux loges de Paris, qui cessèrent d'avoir des députés, et dont les vénérables eurent le devoir d'exercer le mandat représentatif. — Pour devenir député, il fallait être domicilié à Paris, être membre d'une loge de cet Orient, posséder le grade de maître et avoir trente ans accomplis. En 1788, l'âge voulu fut réduit à vingt-cinq ans.

Ces représentants des loges, vénérables en exercice ou députés, composaient, conjointement avec les officiers, le corps central qui eut, de par les statuts, la dénomination de Grand Orient de France.

Il y avait quatre catégories d'officiers, tous pris, sauf le grand-maître, parmi les vénérables et les députés, savoir: 1° trois grands officiers; 2° quinze officiers d'honneur; 3° quarante-cinq officiers en exercice; 4° des officiers honoraires en nombre indéterminé.

La première catégorie comprenait le grand-maître, l'administrateur général et le grand conservateur. Aux termes des statuts (1), ils étaient tous trois électifs, mais inamo-

(1) Chapitre II, section 1re, art. 1er, sections 2e et 3e.

vibles. A la fin de 1775, l'administrateur général et le grand-conservateur cessèrent d'être inamovibles, et furent élus pour trois ans. Le duc de Chartres offrit aussi de renoncer à l'inamovibilité; mais, par esprit politique, cette offre ne fut pas acceptée (1).

Les officiers d'honneur furent d'abord à la nomination du grand-maître (2). En 1777, le duc de Chartres renonça à cette prérogative; les quinze dignitaires ainsi qualifiés devinrent électifs et durent être élus pour trois ans, comme les officiers en exercice (3).

Les officiers honoraires étaient d'anciens officiers des trois premières catégories, qui, ayant bien mérité par leurs services, recevaient ce titre par décision du Grand Orient (4).

Le Grand Orient ainsi composé avait, chaque année, des assemblées générales d'obligation qui, d'abord au nombre de trois (5), furent ensuite portées à huit (6). Il formait le pouvoir législatif, en vertu de cette disposition des statuts (7) : « Le Grand Orient de France aura seul le « droit de législation dans l'Ordre. »

L'administration proprement dite et la juridiction appartenaient, en premier ressort, à trois chambres qui furent d'abord : 1° la chambre d'Administration, 2° la chambre de Paris, 3° la chambre des Provinces (8). — En 1789 il y avait; 1° la chambre d'Administration, 2° la chambre Symbolique, 3° la chambre des Grades (9). — Chaque chambre siégeait une fois par semaine.

---

(1) Circulaire du 24 juin 1776, p. 3.

(2) Statuts, chapitre II, section 4e.

(3) Circulaire du 3 juillet 1777 (État du G.·. O.·., volume I, 4e partie, p. 21).

(4) Statuts, chapitre II, section 5e, article 3.

(5) Statuts, chapitre III, section 1re, article 1er.

(6) Notice sur la composition du G.·. O.·. de France (p. 6), précédant le Tableau alphabétique des loges pour 1785.

(7) Chapitre I, section 2e, article 3.

(8) Statuts, chapitre I, section 5e.

(9) Notice précédant le Tableau alphabétique pour 1789, p. 6.

Les trois chambres ne se composaient d'abord que des officiers en exercice, qui étaient répartis également entre elles (1). Plus tard, il y eut dans chacune un certain nombre de députés non officiers, qui s'y succédaient à tour de rôle, de trimestre en trimestre (2).

La révision, sur appel, des décisions rendues par les chambres, était dévolue à ce que l'on appela d'abord la Loge de Conseil (3), puis la Grande Loge du Conseil (4). En dernier lieu, la Grande Loge du Conseil fut aussi chargée de l'examen préalable des propositions ou affaires générales sur lesquelles il devait être statué par le Grand Orient en assemblée générale. Ce corps était formé par la réunion des membres des trois chambres, auxquels se joignaient facultativement les grands officiers, officiers d'honneur et officiers honoraires. Il siégeait une fois par mois.

Telle fut, mes FF.·., ramenée à ses traits principaux, cette organisation centrale qui devait régénérer la Franc-Maçonnerie en France, qui devait aussi lui donner une grande et féconde impulsion. Ce fut un exemple donné à la société civile, à ce que nous appelons le monde profane; et il n'est pas excessif de dire que la révolution maçonnique de 1773 fut le prodrome et l'avant-coureur de la grande révolution de 1789. Ecoutez, en effet, l'appréciation de leur œuvre par les régénérateurs de la Franc-Maçonnerie. Je la détache d'un document officiel, postérieur d'un an et demi à l'envoi des statuts aux loges, de l'une de ces importantes circulaires que les gouvernants de l'Ordre maçonnique prirent l'habitude d'adresser périodiquement aux ateliers ressortissants (5) :

« Le Grand Orient n'est plus qu'un corps formé par la

---

(1) Statuts, chapitre I, sections 6e, 7e et 8e.

(2) Notice précédant le Tableau alphabétique de 1785, p. 8.

(3) Statuts, chapitre I, section 4e.

(4) Notice précédant le Tableau alphabétique pour 1785, p. 9.

(5) Circulaire du 18 mars 1775, p. X-XI.

« réunion des représentants libres de toutes les loges : ce « sont les loges elles-mêmes, ce sont tous les maçons, « membres de ces loges, qui, par la voie de leurs repré- « sentants, donnent des lois ; qui les font observer, d'une « part, et qui les observent, de l'autre. Nul n'obéit qu'à la « loi qu'il s'est imposée lui-même. C'est le plus libre, le « plus juste, c'est le plus naturel, et par conséquent le plus « parfait des gouvernements.

Le régime inauguré par le Grand Orient de France donnait force et vigueur à cette vérité rationnelle qui devait être formulée, seize ans plus tard, par la déclaration des droits de l'homme et du citoyen : « La loi est l'expression « de la volonté générale. » Et, pour que la loi maçonnique sortit d'une source légitime, il ne suffisait pas que tous les membres de la collectivité fussent représentés : il fallait aussi qu'ils fussent consultés, et que leurs mandataires fussent véritablement leurs interprètes. Je trouve cette sauvegarde de la souveraineté primordiale, avec l'expression même de « volonté générale », dans la circulaire accompagnant l'envoi des statuts, circulaire qui se place à une date où le corps nouvellement constitué s'appelait à la fois Grande Loge Nationale et Grand Orient de France.

« Désirant réunir le concours des lumières et des volon- « tés de tous nos frères, pour donner au nouveau code « maçonnique une forme stable et permanente, et l'auto- « rité qu'il ne peut acquérir que par la volonté générale, « nous engageons les loges d'envoyer à leurs députés à la « Grande Loge Nationale de nouvelles instructions rela- « tives aux statuts, aux règlements qui doivent en être la « suite, et aux objets de bursalité. » (1)

Voilà l'origine de cette règle essentielle de la consultation des ateliers, règle aujourd'hui inscrite dans notre constitution du Grand Orient, en vertu de laquelle nulle mesure d'intérêt général, nulle proposition tendant à faire

(1) Circulaire du 26 juin 1773, p. 5.

ou à changer la loi, ne peut être l'objet des délibérations du corps représentatif, sans avoir été préalablement soumise aux délibérations de tous les francs-maçons, réunis dans leurs assemblées primaires.

En parlant du « corps représentatif de la Franc-Maçonnerie en France », je reproduis la dénomination même employée dans une circulaire (1) où le rôle de ce corps est caractérisé en ces termes :

« Le Grand Orient est essentiellement l'assemblée de « toutes les loges régulières : c'est la diète générale de la « Maçonnerie française. Tous les membres de chaque loge « ne pouvant y assister, ils choisissent un député qui est « leur représentant, qui, en leur nom, propose, examine, « délibère et décide. Aucun règlement n'a de valeur qu'au« tant qu'il est arrêté dans cette assemblée générale, à la « pluralité des voix ; et les officiers n'y ont droit de suf« frage que comme députés. Que sont-ils donc réellement? « Les organes qui annoncent que les loges ont décidé, les « témoins dont la signature atteste que les loges ont pro« noncé ! »

Quel contraste, mes FF∴, avec cette maxime qui avait cours encore dans notre pays : Si veut le roi, si veut la loi ! Quelle différence avec ces ordonnances, qui avaient force de loi par la volonté d'un seul, et au bas desquelles la signature royale était précédée de ces mots : car tel est notre bon plaisir !

L'égalité et la liberté sont invoquées avec insistance, comme principes régulateurs, dans la première circulaire du Grand Orient. Celle de 1775 (2) les présente comme « l'apanage précieux des francs-maçons », et assure qu'elles sont « observées dans toute leur étendue. » Une autre circulaire déclare qu'elles sont les « bases fonda-

---

(1) Celle du 24 juin 1776, p. 3.

(2) Page X.

mentales de notre Ordre. » (1) Elles étaient visibles et tangibles, aussi bien dans les loges qu'au sein du Grand Orient. Là tous étaient placés sous le même niveau, sans autre prééminence que celle des offices, conférés par l'élection et pour une durée limitée. Là disparaissaient les distinctions sociales fondées sur la naissance, sur la faveur royale ou sur la richesse. Dans les loges militaires, on voyait un officier d'un rang modeste tenir le premier maillet et avoir pour subordonnés ceux qui lui commandaient au dehors. Dans la diète maçonnique, le sergent aux gardes-françaises prenait séance avec les officiers généraux, et le suffrage du simple artisan valait celui du duc et pair ou du président à mortier. Les mêmes droits, les mêmes devoirs étaient communs à tous ; et nul ne pouvait gêner le légitime exercice de l'activité d'autrui. Ainsi fonctionna, dans un pays où l'aristocratie subsistait encore et d'où la liberté était absente, une grande association dont les membres pouvaient se qualifier eux-mêmes, comme on le voit dans un mémoire imprimé de la loge des Neuf Sœurs (2) : « les citoyens de la démocratie maçonnique. »

A la première fête solsticiale d'hiver qui suivit la fondation du Grand Orient, le 27 décembre 1773, un discours sur le caractère et le rôle de la Franc-Maçonnerie fut prononcé par un homme éminent, savant jurisconsulte, qui devait, un demi-siècle plus tard, occuper le plus haut siège de la magistrature française, par le F.·. Henrion de Pensey, qui mourut premier président de la Cour de cassation. Le texte nous en est parvenu, imprimé qu'il a été ensuite dans le recueil que le Grand Orient commença, en 1777, à faire paraître périodiquement (3). Qu'il me soit permis d'en reproduire ici les premières phrases :

(1) Circulaire du 3 octobre 1777 (Etat du G.·. O.·., tome II, 2e partie, p. 13-14).

(2) Page 17.

(3) Etat du G.·. O.·. de France, tome I, 4e partie, pages 62-68. — Le discours y est indiqué comme « prononcé dans la deuxième assem-

« Tandis que les générations ne font que passer, gémir « et disparaître; tandis que les siècles ne mettent sous « nos yeux que des oppresseurs, des opprimés, des tyrans « et des esclaves ; qu'il est doux, qu'il est consolant pour « l'humanité de voir une association d'hommes, cimentée « par toutes les vertus, unie par tous les liens de l'amitié, « de la bienveillance et de la fraternité ! Une pareille asso- « ciation est de tous les phénomènes moraux le plus tou- « chant et le plus magnifique. C'est le plus beau monu- « ment que les hommes aient élevé à la vertu ; c'est le plus « beau spectacle que la terre puisse donner au ciel ; c'est « de tous les présents du ciel le plus rare comme le plus « salutaire. »

Au cours de sa harangue, faisant allusion au triste spectacle que présentait alors le monde extérieur, Henrion de Pensey disait : « Oui, si la régénération des mœurs est « possible, c'est à la Maçonnerie qu'il est donné d'opérer « ce prodige. Quelle influence, en effet, n'aurait-elle pas, « si tous les maçons étaient ce qu'ils doivent être ? » Et l'orateur ajoutait :

« J'ai dit que le véritable maçon était le gardien des « mœurs. Mes FF.·., tout est renfermé dans cet éloge. « Celui qui a des mœurs est le seul homme digne de ce « titre auguste, le seul citoyen précieux à la société, le seul « politique digne de commander à ses semblables. L'art « de gouverner les hommes varie au gré des circonstances.

blée du G.·. O.·. de France, le 27e jour du 10e mois de l'an de la V.·. L.·. 5777, par le T. C. F.·. Hen.... de P...... — Le millésime 5777 est le résultat d'une erreur de copiste ou d'imprimeur. En effet, par les extraits de procès-verbaux qui accompagnent la circulaire du 8 mars 1775 (p. 43-44), il est établi que la deuxième assemblée du G.·. O.·. a eu lieu le 27 décembre 1773 et que le F.·. Henrion de Pensey y a prononcé un discours. En 1773, ce F.·. était député de la loge de Ligny-en-Barrois. En 1777, ni son nom, ni aucun autre commençant par les mêmes initiales, ne figure sur le tableau des officiers du G.·. O.·. ou sur celui des députés de loges. Enfin l'arrêté, qui fixe le contenu du fascicule où est le texte du discours, porte une date antérieure à celle faussement attribuée à la deuxième assemblée générale : il est du 15 décembre 1777.

« Il n'en est point où il ne soit nécessaire de leur donner « des mœurs. Par elles les anciens exécutaient les plus « grandes choses. Les mœurs, aussi bien que les lois, « sont les colonnes sur lesquelles repose la prospérité des « empires. Avec des mœurs on se passerait de lois. Sans « les mœurs, les plus sages règlements sont inefficaces. »

A quel moment de l'histoire parlait-on ainsi au milieu du Grand Orient solennellement assemblé ? Alors finissait en France un trop long règne, qui avait vu bien des hontes et des turpitudes. Louis XV, qui devait mourir quelques mois après, s'était signalé par une scandaleuse immoralité. Et la Franc-Maçonnerie faisait entendre sa voix, disant : Celui-là seul qui a des mœurs est digne de commander à ses semblables. Grande leçon qu'il importe de retenir et qui, en aucun temps, ne saurait être négligée !

Le rôle moralisateur de notre institution se trouve affirmé de nouveau, en termes remarquables, dans un document officiel qui est de 1776, dans les « Motifs du traité d'union entre le G.·. O.·. et les directoires écossais » (1). Les rédacteurs de cette pièce déterminent ainsi le but envisagé par le Grand Orient dans la Franc-Maçonnerie :

« C'est d'établir entre tous ses prosélytes une communication active de sentiments de fraternité et de secours « en tout genre : de faire revivre les vertus sociales, d'en « rappeler la pratique, enfin de rendre notre association « utile à chacun des individus qui la composent, utile à « l'humanité même. » (2).

L'idée contenue dans ces derniers mots est accentuée dans une circulaire postérieure (3) où les gouvernants de la franc-maçonnerie française disent à leurs frères : « Tous nos travaux et les vôtres doivent tendre au bien « général de l'humanité. »

(1) Imprimé de 18 pages in-4°

(2) Motifs du traité d'union, p. 4.

(3) Circulaire du 21 février 1777. (Etat du G.·. O.·., tome I, 1re partie, p. 22).

Vous venez d'entendre, mes FF.·., les doctrines de notre Ordre, au siècle dernier, formulées par ceux-là mêmes qui en furent les promoteurs. Excusez-moi d'avoir fait tant de citations. J'en aurais fait plus encore, si je n'avais pris le parti de me restreindre aux points principaux, à ce qui m'a paru essentiel. J'ai tenu à faire, en quelque sorte, revivre devant vous nos glorieux prédécesseurs. Voyons-les maintenant à l'œuvre pendant la courte période qui s'est écoulée entre la fondation du Grand Orient et la Révolution dont nous célébrons le centenaire.

Il fallait d'abord procéder à une épuration. Sous la grande-maîtrise du comte de Clermont, le recrutement maçonnique avait laissé beaucoup à désirer : plus d'une fois nos mystères avaient été prostitués à des hommes indignes d'être admis dans nos loges; plus d'une fois nos temples avaient été profanés par la présence d'hommes corrompus, comme s'exprime la circulaire du 18 mars 1775. Il fut décidé de ne reconnaître pour francs-maçons réguliers que les membres des loges régulières ; et, pour loges régulières, que celles pourvues de lettres de constitution, de reconstitution, d'affiliation ou d'agrégation, émanées du Grand Orient, lettres qui ne durent être accordées qu'aux loges bien composées. Il y eut donc une révision générale du personnel maçonnique, qui permit d'exclure les faux-frères et les brebis galeuses. Ce fut une tâche longue et délicate, qui exigea un grand dévouement des hommes qui l'accomplirent. Un an après sa formation, le Grand Orient arrêta et fit imprimer un tableau des loges constituées ou reconstituées par lui (1), au nombre de cent quatre, dont 23 à Paris, 71 dans d'autres orients, et 10 loges militaires. Quarante-cinq loges étaient alors en instance.

Cette même année, au mois d'août 1774, le Grand Orient s'installa dans un local à lui. Jusque-là ses réunions,

(1) Ce tableau est dans un fascicule de 48 pages in-4°, comprenant diverses pièces dont la première est intitulée : Décision du G.·. O.·. dans l'atelier des provinces, le 25e jour du 4e mois 5774.

comme celles de l'ancienne Grande Loge, se tenaient chez tel ou tel de ses membres : il n'avait pas de siège fixe pour son secrétariat et ses archives. Les loges s'étaient tenues pendant longtemps chez des traiteurs, à la mode anglaise; puis, dans des maisons particulières, ordinairement chez le vénérable. On pourrait presque dire que la franc-maçonnerie française avait été errante, comme Israël dans le désert. Mais, à l'époque où nous sommes parvenus, elle n'avait plus besoin de se dissimuler. Il y eut alors un véritable accord avec le pouvoir civil, un pacte non écrit mais toujours respecté et qui subsiste encore, en vertu duquel l'association des francs-maçons, bien connue du gouvernement et agréée par lui, ne saurait être considérée comme illicite, même sous un régime légal qui ne consacre pas encore la liberté d'association.

En cette année donc, grâce aux soins du F.·. de Puisieux, architecte juré du roi, nos prédécesseurs purent prendre en location un vaste immeuble situé dans le faubourg Saint-Germain, entre les rues Honoré-Chevalier et de Mézières, ayant sa façade sur la rue du Pot-de-Fer, qui est aujourd'hui la rue Bonaparte. Les jésuites, bannis de France quelques années auparavant, y avaient eu leur maison principale, leur noviciat. Là désormais siégea le Grand Orient de France; et un certain nombre de loges y tinrent leurs réunions. Cette installation fut un événement parisien. Quelques années après, le franc-maçon Mercier en faisait ressortir l'importance dans l'ouvrage qui fit sa réputation, le Tableau de Paris, d'où je détache (1) les réflexions suivantes :

« O changement ! ô instabilité des choses humaines ! Qui « l'eût dit, que les loges de francs-maçons s'établiraient « rue du Pot-de-Fer, au noviciat des jésuites, dans les

(1) Tableau de Paris, chapitre CLXXXI (édition d'Amsterdam, 1782, tome II, p. 262-63). — Mercier, avocat et hommes de lettres sous l'ancien régime, fut député de Seine-et-Oise à la Convention. Puis il fit partie du conseil des Cinq-Cents; et il fut membre de l'Institut.

« mêmes salles où ils argumentaient en théologie : que le « Grand Orient succéderait à la compagnie de Jésus ?.....

« O renversement! Le vénérable assis à la place du « P. Griffet, les mystères maçonniques remplaçant.... ! Je « n'ose achever. Quand je suis sous ces voûtes inaccessi- « bles aux grossiers rayons du soleil, ceint de l'auguste « tablier, je crois voir errer toutes ces ombres jésuitiques, « qui me lancent des regards furieux et désespérés. Et là « j'ai vu entrer frère Voltaire, aux sons des instruments, « dans la même salle où on l'avait tant de fois maudit « théologiquement. Ainsi le voulut le grand Architecte de « l'Univers : il fut loué d'avoir combattu pendant soixante « années le fanatisme et la superstition ; car c'est bien lui « qui a frappé à mort le monstre que d'autres avaient « blessé. »

En 1776, le tableau des loges constituées ou reconstituées (1) contient cent quatre-vingt quinze ateliers, dont 190 loges proprement dites, 2 grandes loges provinciales, à Dijon et à Lyon, et 3 directoires écossais, à Bordeaux, Lyon et Strasbourg. — A cette époque, trois ans après sa fondation, le Grand Orient comptait trente-et-un ateliers de plus que n'en avait eus l'ancienne Grande Loge de France au moins mauvais moment de la grande-maîtrise du comte de Clermont.

Dès lors le nombre des loges, et par conséquent celui des francs-maçons, augmenta d'année en année, au point d'avoir plus que triplé en 1789. Arrêtons-nous à cette date, qui marque l'apogée de la franc-maçonnerie française au siècle dernier. Pour la grande année, nous sommes renseignés par le dernier volume d'une publication annuelle qui semble avoir commencé en 1785 sous ce titre : « Tableau alphabétique des LL.·. de la correspondance du « G.·. O.·. de France. » Cette publication ne fut reprise qu'après 1800 sous le titre de Calendrier maçonnique, et se

(1) Imprimé de 28 pages grand in-4°.

continue aujourd'hui sous celui d'Annuaire du Grand Orient de France,

Sur le tableau de 1789 figurent, confondus avec les loges, 4 directoires écossais et 6 grandes loges provinciales, dont une à Friedrichstein en Westphalie. Les loges proprement dites y sont au nombre de six cent quatre-vingt-huit, dont cinquante-neuf indiquées comme n'ayant pas leurs travaux en vigueur. Restent donc 629 loges battant maillets, qui se classent comme il suit :

63 à Paris,
442 dans les provinces,
38 aux colonies,
69 attachées à des corps militaires,
17 en pays étrangers.

Ces chiffres, comparés à ceux de nos statistiques actuelles, montrent combien il nous reste à faire pour relever la franc-maçonnerie française au degré de prospérité où elle était parvenue il y a cent ans.

Si l'on passe en revue les vénérables et les députés des six cent vingt-neuf loges de 1789, on est frappé d'y voir le clergé, tant régulier que séculier, représenté par 27 vénérables, dont 5 à Paris et 22 en province, et par 6 députés. Parmi eux se remarquent deux aumôniers du roi, le procureur général de l'abbaye de Sainte-Geneviève à Paris, plusieurs prieurs et plusieurs chanoines. Il était peu de loges, alors, qui ne comptassent parmi leurs membres des prêtres et des religieux. Certains ecclésiastiques eurent même une situation importante au sein du Grand Orient : par exemple, le génovéfain Pingré, ami de Lalande, et avec lui membre de l'Académie des sciences, qui fut chancelier de l'université de Paris. Et cependant l'anathème et l'excommunication, fulminés par Clément XII, avaient été réitérés par le pape Benoît XIV, en 1751, dans la bulle *Providas*.

La noblesse ne fournit pas un moindre contingent au tableau alphabétique. Je relève dans ce document quarante-huit nobles titrés, dont 5 vénérables à Paris, 10 députés et 33 vénérables en province. La noblesse de robe y compte 5 vénérables de Paris, 8 députés, 41 vénérables de province, soit en tout quarante-six magistrats, dont quelques-uns membres de parlements ou autres cours souveraines.

C'est ainsi que les deux ordres privilégiés avaient fusionné avec le tiers-état dans les loges et dans la diète maçonnique, avant de le faire à Versailles, dans la grande salle des Menus, pour former l'Assemblée nationale. La première fusion prépara la seconde.

Le contingent fourni par l'armée n'est pas moins remarquable. Indépendamment de ce que représentent les 69 loges militaires, le tableau alphabétique nous montre un assez grand nombre d'autres loges présidées par des officiers de différents grades ; et, dans ces loges, il y avait bien d'autres militaires que ceux portant l'épée du commandement. L'éducation maçonnique trempa le caractère et développa l'intelligence de ces officiers subalternes, de ces sous-officiers, qui devaient si rapidement surgir au premier rang dans les armées de la Révolution. C'est ainsi que, parmi les vénérables de 1789 étaient deux militaires obscurs, l'aide-major Beurnonville et l'adjudant Masséna, qui, peu d'années après, furent des généraux victorieux et méritèrent la gloire des héros.

Quand commença l'an 1789, la France se préparait aux élections pour les Etats-Généraux : la nation s'apprêtait à reprendre possession d'elle-même. Le Grand Orient ne devait point descendre dans l'arène politique ; mais il ne pouvait se montrer indifférent aux sentiments patriotiques et aux aspirations rénovatrices qui occupaient tous les esprits. Par une circulaire du 4 janvier, en envoyant aux loges les mots de semestre, il faisait un pressant appel aux devoirs du citoyen envers la patrie (1). Quelques jours

(1) *Histoire du Grand Orient de France* (par Jouaust), Rennes et Paris, 1865, p. 241.

après, le 19 janvier, une autre circulaire rappelait aux loges la régularité des pouvoirs du Grand Orient, faisant ressortir, à cette occasion, la conformité de son gouvernement avec les principes représentatifs, et le caractère de sa constitution purement démocratique (1). Aussi les francs-maçons prirent-ils une part active au grand et salutaire mouvement qui se produisit dans le pays. Leur influence fut prépondérante dans les assemblées primaires et secondaires du tiers-état, pour la rédaction des cahiers et pour le choix des élus. Ils furent eux-mêmes, dans une très large mesure, honorés des suffrages de leurs concitoyens. Ils eurent un rôle moins considérable, naturellement, dans les assemblées des deux ordres privilégiés : et pourtant l'influence de la Franc-Maçonnerie se reconnaît encore, à d'assez nombreuses propositions réformatrices, dans les cahiers de la noblesse et du clergé. Ils avaient, sur les autres citoyens, cet avantage d'avoir été virtuellement initiés à la vie politique par les enseignements reçus en loge. Ils étaient préparés à substituer les formes si simples et si nettes du gouvernement des ateliers, du gouvernement du Grand Orient, aux institutions compliquées et oppressives qui commençaient à s'écrouler. Aussi pénétrèrent-ils en grand nombre dans la représentation nationale ; et, pour marquer la place qu'ils y prirent dès l'abord, il suffit de nommer trois d'entre eux : Lafayette, Mirabeau et Sieyès.

Lorsque l'effondrement de l'ancien régime fut assuré par la grande journée où la force fut enfin mise au service du droit, par cette journée dont l'anniversaire est devenu notre principale fête nationale, nulle part la satisfaction ne fut plus légitime et la joie ne fut plus vive que dans les loges. Il s'y produisit une véritable explosion de sentiments patriotiques. Je n'en citerai qu'un exemple. Neuf jours après l'événement, le 23 juillet, à Rennes, en tenue

(1) Même ouvrage, même page.

de la loge la Parfaite Union, la prise de la Bastille fut célébrée par un discours dont l'insertion au livre d'architecture fut immédiatement ordonnée. En voici le début très significatif :

« Le triomphe de la liberté et du patriotisme est le « triomphe le plus complet du véritable maçon. C'est de « nos temples, et de ceux élevés à la saine philosophie, « que sont parties les premières étincelles du feu sacré « qui, s'étendant rapidement de l'orient à l'occident et du « septentrion au midi de la France, a embrasé le cœur de « tous les citoyens (1). »

Les évènements se succèdent. La nuit du 4 août abolit la féodalité. La déclaration des droits de l'homme et du citoyen, décrétée par l'Assemblée nationale en août, sanctionnée par le roi en octobre, devient la base du droit public des Français. L'œuvre de la Constituante, entravée par mille difficultés, par l'hostilité de la partie du clergé inféodée à Rome, et surtout par la trahison royale, cette œuvre de direction politique et d'élaboration constitutionnelle, touche enfin à son terme. Nous sommes en 1791. Dans une circulaire du 30 juin, le Grand Orient constate la part prise par la Franc-Maçonnerie à la fondation du nouveau régime :

« Jamais les fastes de la Maçonnerie ne furent marqués « par une époque plus mémorable. Jamais notre société ne « put se promettre d'obtenir plus de lustre et de consis- « tance, qu'au moment où elle a concouru à faire rendre à « l'homme ses droits usurpés, ceux qu'il tenait de la « nature, l'Egalité. » (2)

Cette constatation avait été déjà faite par l'opinion publique ; et en voici une preuve intéressante. La déclaration des droits ne tarda pas à être reproduite en divers formats, avec plus ou moins de luxe typographique et d'ornementation artistique, pour être placée en évidence dans les lo-

---

(1) Jouaust, la Maçonnerie à Rennes jusqu'en 1789, article publié dans le *Monde Maçonnique* en décembre 1859 (tome II, p. 470).

(2) Histoire du Grand Orient de France (par Jouaust) p. 244.

caux publics et dans les demeures des citoyens. En tête de beaucoup de ces reproductions figure le plus ancien et le plus connu de nos emblêmes, le triangle radieux au milieu duquel est l'œil de la sagesse qui observe et prévoit. Un peu au-dessous, d'un côté, la France tient des fers rompus. De l'autre côté, le génie de la Loi montre, d'une main, l'emblême maçonnique, et, de l'autre, désigne les tables sur lesquelles la Déclaration est inscrite.

Pendant que la franc-maçonnerie française travaillait, hors de ses temples, à la régénération de la patrie et au bien général de l'humanité, ses travaux habituels languissaient de plus en plus et finissaient par perdre, presque entièrement, force et vigueur. Elle parut avoir le sort de cette plante qui croît sur notre littoral méditerranéen, de l'agavé, qui ne fleurit qu'au bout de plusieurs années, qui produit une fleur gigantesque, et qui meurt de sa floraison.

Alors, en effet, les francs-maçons de France durent se consacrer à l'accomplissement de devoirs civiques qui se multipliaient sans cesse : le service de la garde nationale, pour maintenir l'ordre et tenir en respect les mercenaires étrangers ; puis le service militaire, pour réprimer les soulèvements à l'intérieur et repousser les agressions du dehors ; l'œuvre incessante des sociétés populaires, pour soutenir l'Assemblée nationale, pour déjouer les manœuvres des fonctionnaires de l'ancien régime non encore remplacés ; les élections réitérées, pour le choix des membres des nouvelles administrations et des nouveaux tribunaux ; les mandats assumés et les fonctions exercées à tous les degrés, à la commune, au district, au département, dans l'État. Voilà pourquoi les temples maçonniques furent peu à peu désertés et restèrent vides. Après une dernière assemblée générale tenue en décembre 1792, le Grand Orient cessa de fonctionner au milieu de l'année suivante. Un très petit nombre de loges, dix à peine dans toute la France, isolées et s'ignorant les unes les autres, purent ne pas discontinuer tout à fait leurs travaux.

Ce ne fut qu'une éclipse, une éclipse de près de trois ans. Je n'ai pas à vous dire, mes FF∴ comment elle prit fin et comment la dernière année du siècle put marquer une date mémorable dans notre histoire. Tout à l'heure une parole magistrale vous retracera cette réapparition qui fut presque une résurrection. Elle évoquera un nouveau siècle, moins glorieux et moins fécond, mais qui aura servi, du moins, à sauvegarder le précieux dépôt amassé par nos pères et à préserver les germes de l'avenir.

Les francs-maçons français du dix-huitième siècle ont fait la Révolution : ils l'ont marquée à leur empreinte en la faisant humanitaire. Ils avaient, par avance, élaboré ses doctrines, qui ne furent pas des improvisations. Et quand la nation eut, à son tour, éliminé le pouvoir personnel, elle leur emprunta les trois termes dont elle fit sa devise républicaine, par laquelle je vous salue, mes FF∴, maçonniquement et civiquement :

LIBERTÉ, ÉGALITÉ, FRATERNITÉ

DEUXIÈME PARTIE

LE

GRAND ORIENT DE FRANCE

AU DIX-NEUVIÈME SIÈCLE

PAR LE F∴

J.-C. COLFAVRU

Député de Seine-et-Oise

Membre du Conseil de l'Ordre et du Grand Collège des Rites

Vén∴ de la R∴ L∴ LA CONSTANTE AMITIÉ (*O∴ de Paris*)

LE

GRAND ORIENT DE FRANCE

AU DIX-NEUVIÈME SIÈCLE

de 1800 à 1883

La Révolution, en consacrant, dans une nouvelle organisation sociale et politique, les larges et libérales doctrines de la franc-maçonnerie, en donnant au monde nouveau l'immortelle Déclaration des Droits de l'homme et du citoyen, et à la France la Constitution si loyalement démocratique de 1791, substitua son action plus énergique, plus militante et plus pratique, à la propagande spéculative qui caractérisa jusqu'en 1789 l'action de la franc-maçonnerie. Des programmes, des vœux émis dans les Cahiers, après avoir été préparés dans les Loges, l'Assemblée nationale avait passé aux actes ; et en réalité chaque maçon, s'aidant de l'idée, se préparait à prendre place dans le drame encore mystérieux, mais qu'on pressentait formidable, qui allait marquer le douloureux enfantement de cette société nouvelle ayant pour base et justification le principe indéfectible de la Souveraineté nationale et la suprématie nécessaire de la Raison et de la Science sur la tradition théocratique et militaire du passé.

En 1789, à l'ouverture des Etats généraux, la grande famille maçonnique française est dans son plein épanouissement. Elle compte parmi ses adeptes les plus grands esprits du temps. Elle a reçu Voltaire sous le respectueux et fraternel patronage de Franklin, dans cette loge fameuse des Neuf Sœurs, alors présidée par l'illustre Lalande. Elle connaît Condorcet, Mirabeau, Danton, Robespierre, Camille Desmoulins; elle a pour grand-maître le duc d'Orléans. Mais voici venir l'épreuve : Les frères qui appartiennent à la noblesse et au clergé vont émigrer en grand nombre, et s'armer contre la Patrie; les autres, ceux qui restent, et les plus illustres, vont, dans un effort grandiose, fonder l'édifice social et politique nouveau sur ces principes lumineux, liberté, égalité, fraternité; mais quand ils auront accompli leur tâche sublime, tous seront morts. Selon la parole énergique de Cambon, le grand financier de la Révolution française : « L'Assemblée constituante avait « allumé sur la France un phare superbe : la législative a « tout obscurci, et sous la Convention, dans la nuit ter- « rible, nous nous sommes tous tués. » — Et, en effet, après la mort tragique du dernier grand-maître, la franc-maçonnerie entra elle-même dans ce sommeil, sommeil de deuil, dont elle aura tant de peine à se réveiller.

En 1795, un homme de cœur, Roeltier de Montaleau, qui occupait une haute place d'estime et de considération dans la Maçonnerie française, entreprit de réveiller les loges. On lui offrit la grande maîtrise : il refusa, et ne voulut accepter que le titre de Grand Vénérable, pour accomplir son œuvre de reconstitution.

Dix-huit loges seulement du G.·. O.·. de France, à sa première impulsion, reprirent leur activité; et, suivant un arrêté du 24 février 1797, le Grand Orient décida de consacrer le souvenir de ce réveil par une grande fête de bienfaisance.

L'œuvre patiente du rétablissement de la chaîne d'union, se poursuivit jusqu'à l'époque du 18 Brumaire, sans autre particularité que la reprise des conflits entre le Grand Orient de France et le Suprême Conseil Ecossais.

L'homme sinistre de Brumaire connaissait trop la puissance de notre association pour lui laisser sa libre action :

et ayant fait reculer la Révolution par delà 1789 ; ayant rétabli le catholicisme d'Etat par le Concordat de 1801, il ne pouvait tolérer la propagande de la libre pensée, qui est la seule raison d'être de notre doctrine.

Aussi, les hommes qui dirigeaient le Grand Orient de France durent-ils se préoccuper de le sauver des menaces dont il était l'objet; et c'est pour accomplir cet acte de sauvetage et de contrainte morale, qu'une députation du G.·. O.·. se rendit en 1805 auprès du F.·. Cambacérès, archi-chancelier de l'Empire et grand dignitaire du Suprême Conseil.

Le F.·. Cambacérès promit de transmettre à l'Empereur les sentiments de respect et de dévouement de la franc-maçonnerie ; et il annonça bientôt au G.·. O.·. que l'Empereur était disposé à lui donner comme grand-maître le prince Joseph Napoléon.

En même temps, il intervenait pour mettre fin aux querelles du Grand Orient et de l'Ecossisme ; il les amenait à conclure un *Concordat*, constituant une sorte de partage d'attributions, en ce qui touchait la collation des hauts grades ; et enfin, pour donner à cette œuvre de transaction subie bien plus que consentie, une apparence de consécration, il se fit déférer la *Grande-Maîtrise de tous les rites*.

Ce n'était et ce ne pouvait être qu'une trêve. Le 17 septembre 1805, l'union était rompue et chaque obédience reprenait sa liberté d'action.

Cette division funeste des forces maçonniques n'a point encore fait place à l'union qui a toujours été l'objectif du Grand Orient ; et elle a privé la Maçonnerie française d'une puissance de cohésion qui eut rendu à la sainte cause de la liberté les plus grands services. Cependant, au fond de tous les conflits, on ne rencontre comme résidu que de mesquines rivalités personnelles, des vanités incompressibles et les plus misérables ambitions.

Quoiqu'il en soit, sous le premier Empire, le Grand

Orient conserva la suprême influence ; il sauvegarda avec soin, en s'appuyant sur le suffrage démocratique des Loges, la tradition d'égalité qui est le véritable lien philosophique et social des hommes libres ; et laissa au Suprême Conseil le gouvernement des hauts grades, dans lequel, comme sous la Constitution impériale, toute autorité venait d'en haut, et n'avait rien à demander au suffrage direct des ateliers.

Si l'on apprécie la prospérité d'une institution par la surface numérique qu'elle expose, on doit considérer la Franc-Maçonnerie française sous l'Empire, comme ayant atteint son plus haut degré de puissance et d'éclat : en 1810, elle compte 878 Loges, dont 65 Loges militaires ; en 1814, 905 Loges, dont 73 militaires.

Assurément, c'est là un beau chiffre. Mais ce grand corps n'avait plus l'âme des hommes du XVIIIe siècle. — Il était devenu l'un des organes de la servitude qui était le régime de la France ; la Maçonnerie avait le droit d'aduler le despote qui, à cette condition, lui permettait de vivre ; mais toute discussion de philosophie sociale ou religieuse était interdite, et la censure impitoyable était attentive à mettre, dans nos temples, sa main compressive sur toute bouche indiscrète, et à réprimer, à l'extérieur, toute manifestation, toute publicité.

Rien de plus misérable que ces adulations, ces flagorneries au pouvoir, qui sont le fonds invariable de toutes les harangues maçonniques ; rien de plus triste que ces lieux communs sur la morale ; rien de plus lamentable que cette ignorance profonde de la tradition maçonnique, dont les gloires sont encore si nouvelles et si hautes.

Dans les banquets de ce temps, on a le souci des paroles vides, on mange bien, on boit mieux encore, on chante Bacchus et Cupidon.

Mais il y avait dans cette masse de francs-maçons asservis, quelques âmes, quelques consciences d'élite qui non seulement se tenaient debout et fières devant ces honteuses faiblesses, mais qui protestaient contre cet avilissement.

Le F.·. des Étangs écrivait ceci sur la maçonnerie impériale :

« Celui qui venait d'être leur dominateur (Napoléon Ier) « connaissait l'esprit de cette institution, et se doutait bien « qu'elle n approuvait pas ce qu'il faisait. Il résolut, non « de la détruire, mais de la corrompre et de la défigurer. « Il la fit embrasser par son monde, par ses officiers, ses « magistrats, par sa cour et par son armée. Son archi- « chancelier même, dont il avait fait un prince, fut nommé « le Grand Maître. — Aussi, quand Bonaparte tomba du « trône, tous les francs-maçons s'envolèrent comme des « oiseaux épouvantés ; tous ses salariés, grands et petits, « désertèrent ; les serments maçonniques furent foulés aux « pieds comme tant d'autres serments ; et il ne resta plus, « pour ainsi dire, que des gens du peuple qui, comprenant « la maçonnerie moins encore que les déserteurs, se mi- « rent à la diriger à leur profit et selon leur pauvre intel- « ligence. »

1815 à 1830

Sous la Restauration, c'est la continuation du même abaissement, du même servilisme. Le Grand Orient, imitant le Sénat impérial, déclare déchu de la Grande Maîtrise le prince Joseph Napoléon, et se prosterne devant le nouveau Gouvernement. Au retour de l'île d'Elbe, on réinstalle le prince Joseph, qui conserve la Grande Maîtrise jusqu'à Waterloo. Alors la suprême fonction du Grand Orient devenue vacante, est occupée par une commission de *trois grands Conservateurs* : maréchal Macdonald, général marquis de Beurnonville, et général Timbrune, comte de Valence.

Le Grand Orient a beau s'humilier en souscrivant 5,000 francs pour la statue d'Henri IV, dans l'espoir, bien entendu, de se faire tolérer ; bien des Loges sont obligées de se fermer devant les démonstrations hostiles d'une multitude ameutée par le clergé et par les fanatiques de la Légitimité.

C'est à cette époque que le rite de Misraïm, né en Italie, fait son apparition en France, comme si la Maçonnerie française n'était pas suffisamment divisée. Ce nouveau rite ne causa pas d'ailleurs une grande émotion. — Cette institution particulièrement originale, fut l'œuvre d'un F.·. nommé Marc Bédarride, et comptait, dès son apparition, 90 degrés.. — La légende est des plus excentriques : elle suppose chez ses adeptes une disposition d'esprit qui n'a rien de commun avec les données scientifiques et historiques reçues, et c'est pourquoi, sans doute, ce rite est demeuré si particulièrement en dehors du grand mouvement de la Maçonnerie française.

D'après le F.·. Marc Bédarride, Dieu est le premier grand Conservateur de ce rite à 90 degrés. Ecoutez le grand hiérophante s'adressant à son Dieu, le Dieu d'Israël : « Après « avoir tout créé, et assigné à chaque chose sa place, tu « daignas établir notre institution et lui donner le nom de « Misraïm. »

Dans cette conception, basée sur la légende biblique, Adam avec ses trois enfants fonda la première Loge. — Seth, son troisième fils, lui succéda en qualité de Grand Conservateur. — Caïn lui-même trouva grâce devant son Dieu par son repentir sincère et fut élu grand Conservateur en 250.

Le Grand Orient refusa de reconnaître le nouveau rite. Il avait de bien autres préoccupations : d'abord le souci de sa défense contre les haineuses et implacables manœuvres des Congrégations; puis le travail persévérant mais lent de sa réorganisation.

Le Grand Orient n'avait pas de Constitution régulière, mais des statuts établis en juin 1773 et une sorte de jurisprudence formée d'une foule d'arrêtés souvent contradictoires, et qu'il fallait rechercher dans les archives.

C'était là une cause de faiblesse à laquelle il importait d'apporter un prompt remède; et en effet, dès 1818, une Commission était nommée avec mission de préparer un projet de statuts et de règlements généraux de l'Ordre maçonnique en France.

Cette Commission présenta son projet en 1822. Mais ce projet ne fut pas trouvé assez libéral; et une Commission nouvelle fut adjointe à la première avec mission d'élaborer un exposé de principes propre à servir de base à la Constitution.

Les deux Commissions réunies mirent quatre ans à préparer leur œuvre. Leur projet, qui comportait 898 articles, fut soumis, en 1826, aux délibérations de *la Grande Loge de Conseil et d'Appel.*

La Constitution traite : de l'Ordre maçonnique, — des sociétés maçonniques, — du Grand Orient de France, — des chambres du Grand Orient de France.

Le Grand Orient se compose, comme par le passé, d'un Grand Maître avec ses Grands Maîtres adjoints, des Officiers d'honneur, et des Officiers honoraires; des Présidents de tous les Ateliers ou des députés de ces ateliers. — Il est législateur et régulateur de l'Ordre, et en réunit tous les pouvoirs qu'il exerce soit directement, soit par les Chambres formées dans son sein.

Ces Chambres sont au nombre de cinq :

1° La Chambre de correspondance et de finance, composée de 35 experts, c'est-à-dire de 35 frères élus parmi tous les députés de la correspondance, et de 5 députés sans fonctions. Nommés pour six mois, à tour de rôle, d'après le tableau général des députés. C'est elle qui administre réellement le Grand Orient, puisqu'elle tient en mains la correspondance et la caisse, qu'elle a le droit de publier des circulaires, de dresser la statistique maçonnique, de diriger la bienfaisance du Grand Orient, de régler le budget, etc.

2° La Chambre symbolique, composée suivant le mode

adopté pour la première, avec des attributions d'ordre dogmatique limitées aux trois premiers grades.

3° La Chambre des hauts grades ou Suprême Conseil des Rites.

4° La Chambre de Conseil et d'appel.

5° La Chambre du Comité central et d'Election.

Enfin, au-dessus de ces Chambres est le Grand Orient, c'est-à-dire l'assemblée de tous les présidents ou députés des ateliers de l'Obédience.

De 1826 à 1830, la franc-maçonnerie française se recrute parmi les hommes les plus libéraux, et elle perd ceux qui ne se sentent pas le courage d'affronter la lutte contre les entreprises violentes des Jésuites et des congrégations. On trouve parmi ces maçons militants qui défendent les libertés constitutionnelles du temps des hommes qui s'appellent les frères Berryer, duc de Cazes, La Rochejaquelin, les frères Dupin, Berville, Bésuchet, Désaugier, Lacépède, Tissot, Garnier Pagès, des Etangs, le plus remarquable historien de la Franc-Maçonnerie française. C'est dans ce foyer de résistance que se fait la grande propagande libérale, que se préparent les hommes, les patriotes qui feront la Révolution de 1830; et quand on relèvera à Paris, après le triomphe de la liberté, les morts et les blessés des glorieuses journées, la Maçonnerie trouvera un grand nombre des siens parmi ces héroïques victimes de la conscience et du devoir.

1830 à 1848

Et cependant, malgré ces grands et nobles exemples, l'esprit de servilisme que l'Empire et la Restauration avaient substitué au grand souffle de dignité et d'honneur qui animait les fiers maçons du dix-huitième siècle, se révéla à nouveau parmi quelques-uns de ceux qui avaient l'honneur de diriger le Grand Orient ; et quelques-uns de ces maçons, qui ont bien mérité d'être oubliés, se crurent autorisés, et peut-être le furent-ils, à offrir la Grande Maîtrise au duc d'Orléans. Le roi Louis-Philippe s'y opposa, et les flagorneurs en furent pour leur courte honte. — Cet oubli de toute dignité, ce témoignage d'abaissement eurent pour sanction et pour conséquence la retraite d'un grand nombre de maçons. Les plus brillants entrèrent dans les fonctions publiques ; et beaucoup d'autres à l'esprit généreux et militant, découragés par la pusillanimité du pouvoir directeur du Grand Orient, abandonnèrent une institution qui, dans ses principaux représentants, se montrait incapable de donner aucune auxiliarité aux tendances libérales qui s'affirmaient au dehors avec une grande énergie.

En 1831, le Grand Orient avait perdu plus de 80 ateliers, et il n'avait réussi à constituer que quatre Loges nouvelles : deux en France, deux aux Antilles.

On songea alors à réviser la Constitution ; et l'on nomma une commission chargée d'élaborer un projet de révision. Cette commission, dite Commission des Douze, déposa son rapport le 24 mars 1832.

C'est une nouvelle époque critique pour la Maçonnerie. Les idées socialistes font leur entrée dans le monde des Esprits et des penseurs. C'est le Saint-Simonisme qui ouvre ses grandes assises, et qui appelle les hommes à constituer ce grand levier d'émancipation et de puissance, l'association.

C'est la République qui s'organise avec le concours de maçons qui seront en grand nombre dans les Sociétés politiques résolues à combattre et à renverser un gouvernement sans prestige, sans libéralisme, sans grandeur. Voici venir les insurrections républicaines de 1832 et de 1834, et derrière elles, la loi fameuse de 1834 contre la liberté de la presse et contre le droit de réunion et d'association. Le pouvoir directeur du Grand Orient croyant trouver dans son obséquiosité vis-à-vis de l'autorité politique, un préservatif contre les dispositions hostiles de l'administration au regard de la Maçonnerie, se faisait, plus qu'il ne convenait, soumis et humble devant la police, n'ayant d'ailleurs qu'un sentiment insuffisant de la puissance redoutable de notre institution. — Quelques-uns de ses chefs s'étaient affolés jusqu'à proposer de faire reconnaître le Grand Orient comme société d'utilité publique, livrant ainsi, dans leur inconscience, la noble et indépendante institution à l'arbitraire du Pouvoir. — Mais le Grand Orateur Bouilly, un nom qu'il faut retenir pour l'honorer, combattit avec la dernière énergie cet acte d'abandon et de désertion, et la proposition fut repoussée. — Enfin, ce parti rétrograde qui s'était jusqu'en 1839 maintenu au Pouvoir, en persécutant les Loges, en comprimant hors de toute raison les tendances libérales de leurs plus brillantes personnalités, sentit tellement son impopularité, qu'il céda la place aux hommes animés de l'esprit de liberté, qui promulguèrent enfin le (4 janvier 1839), les nouveaux Statuts si longtemps attendus. Ce fut un vrai réveil d'activité pour les Loges, et un renouveau dans l'administration. On reconstituait la bibliothèque, on réunissait les anciennes archives. On favorisait la création de publications maçonniques, tel que le *Globe* (1839-1842); et tout en s'efforçant de ramener la Maçonnerie dans le domaine des idées, seul champ d'action où elle puisse exercer une action utile et qui lui soit propre, elle essayait, en 1840, par l'initiative de la Loge *la Clémente Amitié*, de fonder à Paris une *Maison de Secours* destinée à recevoir, abriter et à secourir, pendant un temps déterminé, les maçons malheureux. Le Grand Orient s'appropria l'idée, il la façonna par l'étude et l'expérience; et quelqu'imparfaite qu'elle soit encore, elle a rendu et rend chaque jour de vrais services.

En 1843, le Grand Orient créa un organe de publicité, le *Bulletin trimestriel*, destiné à porter au sein des ateliers les travaux importants d'une *Commission permanente* qui étudiait les questions morales et les questions d'intérêt général maçonnique.

Ce Bulletin fut une des plus heureuses innovations administratives du Grand Orient. Il devint le lien réel et effectif de toutes les Loges, et le centre administratif de tous les ateliers.

Voici, d'ailleurs, les termes de l'arrêté pris par le Grand Orient, le 15 décembre 1843 :

« Après avoir entendu le rapport de la Commission des trois Chambres administratives chargées de l'examen des propositions soumises au Grand Orient par plusieurs ateliers de la correspondance et par quelques-uns de ses membres ;

« Considérant que ces observations dictées en général par un véritable désir de contribuer à la prospérité de la franc-maçonnerie s'appliquent principalement à la partie morale de l'Institution, et qu'il est impossible de leur donner suite, ainsi qu'à toutes celles qui pourront être faites à l'avenir dans les mêmes vues ; que, dans ce but, il est nécessaire d'avoir des séances spéciales consacrées à leur examen, et dans lesquelles serait en même temps discutés tous les hauts intérêts de l'Ordre.

« Considérant, en outre, que pour rendre ces discussions utiles et profitables à tous, il importe aussi de créer un moyen de publicité maçonnique qui puisse répandre la lumière qui en naîtra :

« Le F.·. Orat.·., entendu dans ses conclusions favorables, — Le Grand Maître arrête :

« Article premier. — A l'avenir, indépendamment des séances indiquées par les statuts généraux, le Grand Orient aura quatre tenues extraordinaires par an, lesquelles seront exclusivement consacrées à la discussion des affaires d'un intérêt général pour l'Ordre. Ces séances sont fixées au deuxième vendredi des mois de janvier, avril, juillet, octobre.

Art. 2. — Une Commission spéciale est instituée pour l'examen de toutes les questions d'intérêt général dont pourrait être saisi le Grand Orient, et sur lesquelles elle devra présenter un rapport à chacune des séances extraordinaires ci-dessus. Cette Commission, nommée par le Grand Orient, est composée de 9 officiers pris en nombre égal dans chacune des trois chambres administratives, de trois députés et de trois présidents d'atelier : elle sera renouvelée par tiers d'année en année. Les membres sortants seront rééligibles.

« Art. 3. — Il est créé un *Bulletin trimestriel* qui contiendra le résumé des travaux du Grand Orient, et notamment des discussions et délibérations qui auront eu lieu dans les tenues générales fixées par l'art. 1er. Il pourra contenir, en outre, en entier ou par extraits, les morceaux d'architecture adressés par les ateliers et par les maçons, et mentionner tous les faits importants qui se passeront dans la franc-meçonnerie française et étrangère. »

Ce Bulletin, d'abord trimestriel, parut tous les deux mois à partir de 1847 ; il était envoyé gratuitement aux Loges ; mais les nécessités financières obligèrent l'administration à supprimer la gratuité, et c'est, depuis ce temps, que l'abonnement annuel fut fixé à 6 francs pour Paris ; 7 francs pour les départements, 8 francs pour l'étranger. Il est actuellement de 5, de 6 et de 7 francs.

Ce bon exemple donné par le pouvoir central du Grand Orient suscita dans les Loges, non seulement de Paris, mais des départements une émulation et une activité qui attestaient la profonde vitalité de l institution. Le Grand Orient eut dû se féliciter, semble-t-il, de cet excellent résultat. Il n'en fut rien : le régime de juillet touchait à sa fin : Tout annonçait le détachement de la nation et le discrédit irrémédiable du Gouvernement. Au sein de la Maçonnerie, on s'occupait de réformer l'organisme de l'institution, comme au dehors on s'occupait d'amender l'organisation politique.

C'était le cas d'encourager les Loges dans ces pacifiques et utiles travaux : Cela fit peur, au contraire, aux pusillanimes directeurs du Grand Orient, que leur affollement poussa aux plus étranges violences, contre les écrivains maçonniques les plus distingués, les FF.·. Ragon et Clavel,et contre les Loges départementales qui voulaient dans des congrès régionaux discuter les questions les plus intéressantes de la vie maçonnique et de la vie profane.

Ce qui n'empêchera pas ces Directeurs, après la révolution de février qui compte parmi ses combattants et ses morts tant des nôtres, de recommencer comme leurs prédécesseurs de l'Empire, de la Restauration et de 1830, les mêmes obséquiosités et les mêmes adulations au pouvoir politique nouveau.

Mais un phénomène étrange, sans précédent dans notre institution basée sur la raison, le libre examen, la science, se produisit à la veille de la révolution de février. Un frère Blanchet, esprit mystique, émit au sein de la Commission permanente l'idée bizarre de relever la Maçonnerie *en lui restituant le caractère religieux qui lui est propre.* — En vue de ce relèvement, il proposait de n'admettre dans l'Ordre que des personnes pouvant payer des cotisations élevées : « Par là, seulement, disait-il, nous obtiendrons les moyens de répandre les bienfaits de la charité morale et de la charité matérielle ; et en exerçant envers les frères malheureux cette délégation de la bienfaisance suprême, nous rendrons à la divinité le culte le plus digne d'elle ; et à la Maçonnerie le caractère religieux qui lui est propre.....

« La maçonnerie est véritablement une religion, mais une religion qui, dans sa morale. les comprend toutes et n'en exclut aucune, admettant avant tout la Divinité dans sa croyance. Elle correspond à une puissance philosophique sans laquelle il n'y aurait ni culte, ni croyance, et qui est en même temps une religion. »

C'est là un langage que je ne comprends pas, autorisé que je suis à croire, par l'obscurité de l'expression, que l'orateur ne se comprend pas lui-même.

Un tel état d'esprit était d'ailleurs un reflet du courant

profane : C'était à la veille du 24 février et de ces manifestations perfides où le clergé catholique, dans son amour désordonné de la Révolution, bénissait bruyamment, en les maudissant dans sa haine secrète, les arbres de la Liberté, et préparait la trahison et l'égorgement de la République en adaptant à ses cantiques au *sans-culotte Jésus* les airs républicains de la *Marseillaise*, du *Chant du Départ*, du *Chant des Girondins*.

Quoiqu'il en soit, et malgré l'adhésion donnée par le Grand Orient lui-même à ce fol écart d'imagination, la proposition n'eut pas de suite immédiate; et peu de jours après, le Grand Maître adjoint, au nom du Grand Orient de France, portait à nos FF.·. Crémieux, Garnier Pagès, Pagnerre, membres du Gouvernement provisoire, revêtus pour la circonstance de leurs insignes maçonniques, l'expression de la joie de la Maçonnerie française, et sa chaleureuse adhésion au régime démocratique qui avait repris notre glorieuse devise : Liberté, égalité, fraternité.

1848 à 1852

Et cependant le projet de Constitution décidé en mars 1848 dans un esprit démocratique marqué, ne devait rien retenir de ces dispositions si libérales, quand il vint en discussion le 10 août 1849.

Il est vrai que la réaction était sortie victorieuse des élections de 1849; que le cléricalisme, précurseur du despotisme militaire, avait repris possession du Pouvoir, apportant dans les plis de sa robe noire cette loi funeste de l'enseignement de 1850, qui devait livrer aux jésuites les générations à venir ; et que l'on pouvait pressentir déjà les défaillances qui accueilleraient avec une facile résignation des mains de l'homme du 2 Décembre, comme chef de notre Ordre, le prince Murat.

Quoiqu'il en soit, le Grand Orient avait appelé, par un

décret du 24 mars 1848, toutes les Loges à réélire des députés qui se réuniraient le 10 juin suivant en Assemblée générale à l'effet de réviser la Constitution.

Mais un fait considérable, et qui fait le plus grand honneur aux Frères qui avaient en mains la Direction administrative du Grand Orient de France, mérite d'être signalé : La circulaire du 24 mars ne fût pas seulement adressée aux Loges du Grand Orient, mais aussi à toutes les Loges maçonniques, sans distinction, sans exception, en vue de réaliser le vœu constant du Grand Orient, l'union de tous les maçons de France, sous une seule et unique Constitution.

Cette initiative généreuse et qui pouvait avoir, en cas de succès, une si haute et une si féconde importance, en face des éventualités politiques qui se préparaient, échoua devant les constitutions immuables du Suprême Conseil ; et il ne sortit de cette tentative d'unification, si désirable de la Maçonnerie française, qu'un nouveau groupe, *la Grande Loge Nationale de France*, qui ne réussit qu'à constituer un nouvel élément de division dans une famille si divisée déjà, et dans laquelle le Grand Orient s'efforçait de ramener la concorde et l'union. Elle n'eût d'ailleurs qu'une existence nominale et fut fermée par injonction du Préfet de Police, en 1851.

La tentative d'expérience du Grand Orient échoua, et l'Assemblée constituante ne se composa que des députés des Loges de l'Obédience,

La Constitution du 10 août 1849, votée par cette Assemblée, rappelant et adoptant, dans une aberration évidemment inconsciente, l'élucubration mystique du F.·. Blanchet, introduisit dans son exposé de principes une affirmation étrangère au génie et à la tradition de la Maçonnerie française, et y inscrivait comme dogme, contradictoirement au principe de la liberté de conscience, et à la science qu'elle affirme également, sa croyance à l'existence de Dieu et à l'immortalité de l'âme.

Comment concevoir la raison d'un pareil dogme, concurremment avec le respect de la conscience individuelle, affirmée par l'art. 3 de la même Constitution.

Il faudra 28 ans de luttes et de controverses pour effacer de notre déclaration de principe cette déplorable hérésie et pour revenir à notre saine et rationnelle tradition.

D'après la nouvelle Constitution, le Grand Orient est composé des députés de tous les Ateliers de son obédience régulièrement élus pour trois ans

Il choisit dans son sein : un grand maître de l'Ordre, un premier et un second grands maîtres adjoints, un président ayant le titre de représentant du Grand Maître, et 13 autres officiers.

Les trois premiers dignitaires peuvent, au besoin, être pris hors du sein du G.·. O.·. de France.

« Le G.·. O.·. seul législateur et régulateur de l'Ordre, « en réunit tous les pouvoirs. Il exerce directement le pou- « voir législatif, délègue le pouvoir au G.·. Maître, assisté « d'un conseil, et confie l'administration à des chambres « créées dans son sein (art. 52).

« Le Conseil du G.·. Maître est composé des deux G.·. « M.·. adjoints, du président, des premier et second sur- « veillants, de l'orateur et du secrétaire général du G.·. O.·. « (art. 33).

« L'élection du G.·. M.·. et de ses adjoints a lieu dans « une séance spéciale du G.·. O.·. convoquée à cet effet « (art. 50). Ils sont élus pour trois ans.

« Le G.·. M.·. est chef suprême de l'Ordre, le représen- « tant du G.·. O.·. auprès des puissances Maç.·. étran- « gères, et son organe officiel auprès de l'autorité civile « (art. 40).

« Il promulgue les décisions du G.·. O.·. et les fait exécu- « ter; il ne peut ni les changer, ni les suspendre. — « Néanmoins, il peut réclamer contre celles qui lui parais- « sent contraires aux intérêts de l'Ordre, et en demander « la révision (art. 42). »

La Maçonnerie, malgré l'attitude pleine de réserve de son

administration, ne put échapper aux tracasseries jalouses et inquiètes de la réaction au pouvoir. On savait ses membres résolus et unis pour défendre les institutions républicaines, et cela suffisait pour signaler l'institution comme dangereuse, en vue des criminels attentats auxquels se préparait le premier magistrat de la République.

Aussi, immédiatement après le Coup d'État, et dès le 10 décembre 1851, le préfet de police transmit au G.·. O.·. l'ordre de suspendre les travaux de tous les Ateliers jusqu'au 1er janvier 1852. Dans l'entre temps, les malfaiteurs triomphants délibéraient s'il n'y avait pas lieu de supprimer la Franc-Maçonnerie. — L'entreprise parut périlleuse aux plus clairvoyants; et l'on préféra s'emparer de la direction du pouvoir maçonnique, et par là se rendre maître de la redoutable association.

Le G.·. O.·. n'avait pas encore nommé son Grand Maître. Le Gouvernement put facilement faire comprendre aux hauts dignitaires l'intérêt qu'ils avaient à ne pas entrer en lutte contre une administration résolue à briser toutes les résistances : et, sur les indications officieuses et formelles qui lui furent données, le Conseil proposa et fit accepter comme Grand Maître le prince Murat, reçu maçon en Amérique. Le F.·. Murat fut élu Grand Maître le 9 janvier 1852 à l'unanimité de 132 votants.

De 1852 à 1870

Le Grand Maître, étranger à l'esprit de fierté et d'indépendance qni animait la maçonnerie, voulut la ramener à l'état de sujétion qui avait été son regime sous le premier empire, et la soumettre à son pouvoir absolu. Ce fut l'effort constant de cette grande maîtrise pendant toute sa durée.

Après avoir acheté l'hôtel de la rue Cadet, dont il fit le siège du Grand Orient, et avoir engagé, pour de longues années, les ressources de l'association (dont la libération n'est point encore un fait accompli, malgré les généreux sacrifices de toutes les Loges), il entreprit en 1854 la révision de la Constitution de 1849 qu'il ne trouvait pas suffisamment en harmonie, dans ses dispositions, avec les institutions despotiques de l'autorité civile. — Aussi, la principale réforme eut-elle pour objet la concentration, entre les mains du Grand Orient, de la plus grande somme de pouvoirs, — en d'autres termes, la Constitution fut impérialisée (art. 28).

Aux termes de la Constitution, « le Grand Orient de « France est ainsi composé : 1° d'un Grand Maître ; — « 2° du Conseil du Grand Maître ; — 3° de tous les Prési- « dents d'Ateliers et de la correspondance.

« Le Grand Maître est élu pour sept ans et rééligible « (art. 28).

« Le Grand Maître est le chef suprême de l'Ordre (art. 30).

« Il est le pouvoir exécutif, administratif et dirigeant « (art. 31).

« Il a le droit de suspendre provisoirement les Ateliers « et les maçons (art. 32).

« Il choisit et nomme pour le temps qu'il croit conve- « nable deux Grands Maîtres adjoints (art. 33). »

Le Grand Maître est assisté d'un Conseil qui est composé de deux Grands Maîtres adjoints et de vingt-et-un membres nommés par le Convent.

Telle fut l'organisation vraiment despotique du nouveau pouvoir exécutif qui absorbait réellement en lui tous les autres.

Toutefois, et assurément sans en avoir conscience, le Prince Murat introduisit dans la nouvelle Constitution quelques innovations très démocratiques, très heureuses, et qui, sans rancune pour leur odieuse origine, ont été maintenues dans toutes les modifications constitutionnelles ultérieurement délibérées.

Le Convent maçonnique est composé de tous les Président d'Ateliers ou de délégués choisis parmi les membres de l'Atelier.

Ces représentants des Ateliers se réunissent chaque année en Assemblée législative du Grand-Orient de France sur la convocation du Grand-Maître. L'indemnité de frais de route est payée par chaque Atelier.

L'Assemblée législative délibère et vote le budget du G.·. O.·. et s'occupe de toutes les affaires qui intéressent la Maçonnerie.

Le Convent élit, à l'expiration de ses pouvoirs, le Grand Maître.

« Les membres du Conseil, au nombre de 21, sont élus » pour trois ans à la majorité des suffrages. Ils sont » renouvelables chaque année par tiers (art. 35). »

Telles sont les principales dispositions de cette constitutions fameuse, sous l'empire de laquelle la Maçonnerie du Grand Orient, patiente mais non résignée, concentra son merveilleux esprit de résistance, et se prépara, pour le jour où les pouvoirs du Grand Maître arriveraient au terme de leur durée, à ressaisir son indépendance et sa liberté.

Ce fut en 1860, époque où le mouvement d'opinion contre l'Empire commençait à s'affirmer avec une certaine énergie. Le Prince Murat voulait être réélu, et pour y réussir, il ne reculait devant aucune violence. — Je ne puis pas dans le cadre déjà trop élargi de ce travail, reproduire tous les incidents de cette lutte, où les plus vaillants maçons ne craignirent pas de se mesurer contre leur puissant et redoutable adversaire. — honneur à eux ! Malgré l'intervention du Préfet de police mise en mouvement par le singulier Grand Maître, malgré l'invasion de l'hôtel du Grand Orient par la force armée, le Prince Napoléon fut élu dans les bureaux.

Dans ces circonstances, et en face d'un conflit qui prenait une mauvaise tournure, l'Empereur lui-même dut intervenir et il interdit aux deux princes toute candidature.

Il fallut obéir : mais l'intérim administratif prolongé

outre mesure, à dessein peut-être de la part du Pouvoir, fut une nouvelle épreuve pour le Grand Orient, qui sut cependant y faire face, grâce à la prudence des membres du Conseil et à l'esprit de discipline des Loges. Enfin, l'Empereur y mit un terme en nommant lui-même par décret (11 janvier 1862) le Grand Maître du Grand Orient, en la personne du maréchal Magnan.

Ce n'était pas sans une vive appréhension que le Grand Orient se voyait imposer un Grand Maître absolument étranger à la Maçonnerie et qui ne devint Maçon qu'après sa haute investiture. Car ce maréchal de guerre civile était l'un des tristes héros du 2 Décembre, et les grands hommes de coup d'Etat et d'exécution ne passent point pour être gênés par les scrupules.

Le nouveau Grand Maître, après une courte expérience, après avoir vainement essayé de violenter les rites dissidents pour leur imposer l'unité d'Obédience sous la Direction suprême du Grand Orient ; après avoir essayé, sans plus de succès, de livrer le Grand Orient à la discrétion du Pouvoir civil en la faisant reconnaître d'utilité publique, comprit que les procédés autoritaires ne pouvaient convenir à une grande puissance comme la Maçonnerie française, et qu'il y aurait pour lui quelque honneur à la servir loyalement.

C'est ainsi qu'il entra dans la voie de l'apaisement ; qu'il convia ses collaborateurs à rétablir l'ordre dans les finances dilapidées par la précédente administration. — Il comprit que pour assurer le développement normal et le contrôle effectif du pouvoir Maçonnique, il fallait limiter dans une certaine mesure les pouvoirs trop étendus de la Grande Maîtrise, et c'est dans ces dispositions d'esprit que fut élaborée et votée la Constitution de 1862.

Les principales modifications portèrent sur l'organisation des pouvoirs.

Le Conseil du Grand-Maître est supprimé.

Le Grand-Orient est composé : 1° du Grand-Maître ;

2° du Conseil de l'Ordre; 3° des présidents d'Atelier ou des délégués appartenant aux Ateliers;

L'administration et le contrôle appartiennent au Conseil de l'Ordre, lequel est composé de 33 membres élus par tiers chaque année par le Convent, et rééligibles.

Le président du Conseil est nommé par le Grand-Maître, parmi les membres élus du Conseil.

Enfin les délibérations du Conseil devaient être consignées sur un registre spécial et leur exécution appartenait au Grand-Maître qui ne pouvait, en cas de désaccord, qu'inviter le Conseil à une nouvelle délibération.

Ainsi, le Grand-Orient était rentré dans la possession effective du pouvoir législatif, c'est-à-dire de sa réelle souveraineté. Deux ans plus tard, le maréchal Magnan obtenait de l'empereur la restitution au Grand-Orient du droit traditionnel de nommer son Grand-Maître, et il méritait par là, aussi bien que par la fermeté avec laquelle il avait favorisé l'installation d'un grand nombre de Loges sur tout le territoire, d'être considéré comme l'une des plus considérables et des plus méritantes personnalités de notre Ordre.

Ce fut à l'Assemblée générale de 1864 que le Grand-Maître Magnan apporta la bonne nouvelle, et l'Assemblée lui témoigna sa fraternelle reconnaissance, en lui confiant spontanément et librement une dignité dont il avait fait un si utile usage.

Il mourut l'année suivante et fut remplacé par le général Mellinet, vieux maçon, bienveillant et ferme, qui rendit à notre Ordre les plus grands services.

L'Assemblée générale de 1865, qui lui conféra la Grande-Maîtrise, modifia la Constitution de 1862 en ce qui concernait le pouvoir exécutif :

« Art. 23. — Le Grand-Maître est élu pour cinq ans. Il est nommé au scrutin secret par l'Assemblée générale du Grand-Orient spécialement réunie à cet effet. — Il est toujours rééligible. »

Enfin, c'est le conseil de l'ordre lui-même qui nomme son Président.

En 1870, les pouvoirs du Grand maître Mellinet étaient expirés. Ces cinq années avaient été remplies par la plus active propagande maçonnique. A aucune époque la maçonnerie n'avait plus librement étudié, agité, les plus grandes questions de philosophie, de morale, d'Economie sociale et politique. Le personnel des Loges s'était partout recruté parmi les hommes les plus intelligents, les plus généreux, les plus épris des principes remis en lumière de la Révolution française. La maçonnerie avait repris sa vieille tradition de labeur intellectuel, de générosité et d'honneur. Elle était prête comme en 1789 pour les grandes luttes. Elle allait avoir à faire face avec la Patrie, dans une noble posture, à de terribles et cruelles épreuves : elle sera à sa place de combat.

Le général Mellinet avait décliné toute nouvelle candidature à la grande maîtrise, et l'assemblée lui donna pour successeur, un vieux maçon, membre de l'Assemblée constituante de 1848, éprouvé par l'exil, constant dans sa foi républicaine, et digne à tous égards de représenter par l'intelligence, par le caractère et le cœur, le Grand Orient de France. J'ai nommé Babaud-Laribière, qui fut le dernier grand maître de notre fédération.

De 1870 à 1871, il prépara avec le Conseil de l'Ordre la Suppression de la Grande Maîtrise; et l'assemblée générale de 1871 modifia comme suit l'organisation constitutionnelle des Pouvoirs maçonniques :

« Art. 20. L'autorité centrale maçonnique porte le titre Grand Orient de France.

« Le Grand Orient de France se compose de tous les « Présidents des Loges, de la Correspondance et du Con« seil de l'Ordre.

« Art. 22. Le Conseil de l'Ordre représente, par l'organe « de son Président, la Maçonnerie près les Grands Orients « étrangers, et les Autorités civiles. »

Comme complément à ces importantes modifications, et comme conséquence de la séparation plus exacte des Pouvoirs, l'assemblée générale fut désormais appelée à nommer son Président qui ne pouvait être pris que dans son sein.

Enfin, le dernier amendement apporté à la constitution de 1865, amendée, comme nous venons de le rappeler dans les sessions de 1871, 1873, 1874, 1875, 1876, porta sur le titre Ier : DE LA FRANC-MAÇONNERIE ET DE SES PRINCIPES.

Depuis l'étrange innovation introduite dans l'exposé des principes de notre constitution, en 1849, depuis l'invasion dangereuse de l'esprit de religiosité dans la doctrine qui ne peut être que scientifique et rationnelle de la Franc-Maçonnerie, puisqu elle a pour principe essentiel la liberté absolue de conscience et, à ce titre, le respect de toutes les opinions religieuses, en tant que manifestations individuelles; depuis cette époque, dis-je, les Loges n'avaient cessé de protester contre cette affirmation, contre ce dogme philosophique, s'imposant à tous : la croyance en Dieu et à l'immortalité de l'âme. — C'était une contradiction avec cette autre déclaration contenue dans le même article : *Elle* (la Franc-Maçonnerie) *regarde la liberté de conscience comme un droit propre à chaque homme et n'exclut personne pour ses croyances.* — Mais du moment où vous imposez ce credo, l'existence de Dieu et l'immortalité de l'âme, vous fermez la porte de vos temples aux esprits scientifiques et libres qui ne partagent pas cette croyance.

Après une délibération des Loges qui dura plus de dix ans, une imposante majorité demanda la suppression du second paragraphe de l'article 1er de la Constitution, et le retour à cette déclaration qui n'affirme ni ne nie aucun concept étranger aux démonstrations de la Raison et de la Science. Le Convent de 1877 mit donc à son ordre du jour la suppression de cette affirmation dogmatique de l'existence de Dieu et de l'immortalité de l'âme, et la mise en relief, avec d'autant plus d'éclat, de cette simple et digne déclaration : Liberté absolue de conscience.

Le Grand Orient avait chargé notre excellent frère Desmons de présenter le rapport sur cette grande et délicate question. Le F.·. Desmons s'acquitta de cette mission avec une élévation de sentiment, avec une ferme et loyale argumentation qui ne pouvaient susciter que les dénigrements de la mauvaise foi et les critiques intéressées des Obédiences étrangères qui ont encore besoin d'une domination dogmatique. Le temps seul, et la sage expérience que nous continuerons à faire de notre neutralité indifférente en matière de croyances et de dogmes, nous ramèneront les amitiés qui nous boudent encore, mais qui n'ont aucune raison de nous refuser leur estime.

Au lieu du pathos inintelligible par lequel le F.·. Blanchet, en 1847 et 1849 essayait de justifier sa formule religieuse, nous trouvons, comme conclusion, dans le rapport du F.·. Desmons, ces claires et fermes déclarations qu'il importe de rappeler à tous, comme une protestation contre ceux qui s'obstineraient à méconnaître les motifs élevés de ce grand acte de la conscience maçonnique :

« Laissons aux théologiens, dit le F.·. Desmons, le soin « de discuter les dogmes. Laissons aux Églises autori- « taires le soin de formuler leurs syllabus. — Mais que la « Maçonnerie reste ce qu'elle doit être, c'est-à-dire une « institution ouverte à tous les progrès, à toutes les idées « morales et élevées, à toutes les aspirations larges et libé- « rales. — Qu'elle ne descende jamais dans l'arène brûlante « des discussions théologiques qui n'ont jamais amené « que des troubles et des persécutions. — Qu'elle se garde « de vouloir être une Eglise, un Concile, un Synode ! car, « toutes les Églises, tous les Conciles, tous les Synodes, « ont été violents et persécuteurs, et cela, pour avoir tou- « jours voulu prendre pour base le dogme qui, de sa nature, « est essentiellement inquisiteur et intolérant. Que la Ma- « çonnerie plane donc majestueusement au-dessus de

« toutes ces questions d'églises et de sectes ; qu'elle do-« mine de toute sa hauteur toutes leurs discussions ; « qu'elle reste le vaste abri toujours ouvert à tous « les esprits généreux et vaillants, à tous les cher-« cheurs consciencteux et désintéressés de la vérité, à « toutes les victimes enfin du despotisme et de l'intolé-« rance. »

En conséquence, la Commission propose et le Convent adopte les dispositions suivantes : pour prendre place à l'avenir dans la Constitution :

« Article premier. — La Franc-Maçonnerie, institution « essentiellement philanthropique, philosophique et pro-« gressive, a pour objet la recherche de la vérité, l'étude « de la morale universelle, et des sciences et des arts, et « l'exercice de la bienfaisance. — Elle a pour principes la « liberté absolue de conscience et la solidarité humaine. « — Elle n'exclut personne pour ses croyances. — Elle a « pour devise : Liberté, égalité, fraternité. »

Il faut arriver à l'année 1882 pour rencontrer un mouvement très accentué en faveur des aspirations énergiques d'un nombre considérable de Loges vers l'unité maconnique substituée au fractionnement si préjudiciable des diverses fédérations. — En vue de cette victoire profitable à l'institution, et de cette harmonie, objet constant de tous les efforts du Grand Orient de France pendant tout le XIXe siècle, une tentative fut faite d'accord avec la fédération de la Grande Loge symbolique, dissidente du suprême Conseil, pour réaliser cette unité si désirée. — La tentative échoua, mais le dernier mot n'a pas été dit, et nous avons le droit de compter sur l'auxiliarité des circonstances et du temps.

Mais une importante majorité au sein du Grand-Orient de France était acquise au projet de révision constitutionnelle élaboré en vue du succès de la fusion ; et malgré l'échec de cette généreuse tentative, échec dont la responsabilité n'est pas sur le Grand-Orient, on procéda à la révision dont est sortie la constitution si démocratique de 1884, sous l'empire de laquelle nous vivons.

Telle est, dans un exposé très rapide, très sommaire, et cependant très complet, l'histoire du Grand-Orient de France pendant le XIXe siècle.

Quelques mots, en terminant, sur l'influence exercée dans le monde profane par l'enseignement maçonnique, dont le rayonnement extérieur a si puissamment contribué, depuis près de trente ans, au relèvement moral de la Patrie.

Ce fut sous la Grande Maîtrise du maréchal Magnan, imposée par Bonaparte, que l'esprit maçonnique se réveilla avec énergie dans toutes les Loges, et particulièrement dans les grandes Assemblées annuelles du Grand-Orient. Il y avait là, face à face, d'un côté les tenants du pouvoir, les lieutenants, le conseil du Grand-Maître, tous serviteurs zélés de l'Empire ; de l'autre, les maçons convaincus, vraiment libres, qui, fidèles à la sainte cause du droit et de la justice, avaient conservé le souvenir amer des origines criminelles et maudites de ce Pouvoir, la douleur des libertés perdues, la haine du despotisme, et le culte sacré des grands ancêtres de la Révolution.

Cette phalange des fiers, des désintéressés, des vaillants, sut encadrer, dans les discussions philosophiques et d'économie sociale les plus élevées et les plus retentissantes, toutes les revendications de la conscience nationale, toutes les protestations de la liberté. Beaucoup de ces maçons, qui ont engagé et soutenu ce combat glorieux du Droit contre la Force, sont couchés dans la mort : Saluons-les *tous*, en évoquant les noms de ceux qui ont jeté le plus d'éclat sur notre Ordre : Babaud-Laribière, Massol, de Saint-Jean ; les autres, ceux qui ont survécu, formaient, dès le 4 septembre 1870, la pépinière où le gouvernement de la Défense nationale allait trouver ses plus fermes et ses plus énergiques représentants. C'est de nos rangs que sont sortis les hommes les plus considérables du gouvernement de la République et du parti Républicain.

C'est de nos rangs encore que doivent sortir et que sortiront des premiers, comme en 1789, les défenseurs du Droit, de la Liberté de Conscience, de la Souveraineté nationale, imprescriptible et inaliénable, audacieusement menacés par la plus violente et la plus exécrable conjuration des vieux partis, des vieux despotismes vaincus, conduits à l'assaut du suffrage universel et de la République par un général factieux, déshonoré, chassé de l'armée par ses pairs comme indigne, sous l'oriflamme sinistre et sanglante des congrégations et des curés.

Serrons les rangs : expulsons-en sans faiblesse, impitoyablement, ceux qui ont surpris notre loyale confiance, et sont passés à l'ennemi ; tous ceux qui, frères prêcheurs de la fourberie, s'en vont semant dans nos Ateliers la discorde, afin de nous diviser et de nous affaiblir au jour inévitable et prochain des patriotiques épreuves et du danger.

Haut les cœurs, mes frères ! Souvenons-nous des grands exemples, et en avant pour le triomphe du Droit, de la Justice, de la Liberté !

J.-C. COLFAVRU.
Ancien président du Conseil de l'Ordre.

PARIS. — IMPRIMERIE NOUVELLE (ASSOCIATION OUVRIÈRE), 11, RUE CADET.

E. BARRÉ, DIRECTEUR. — 1549-90

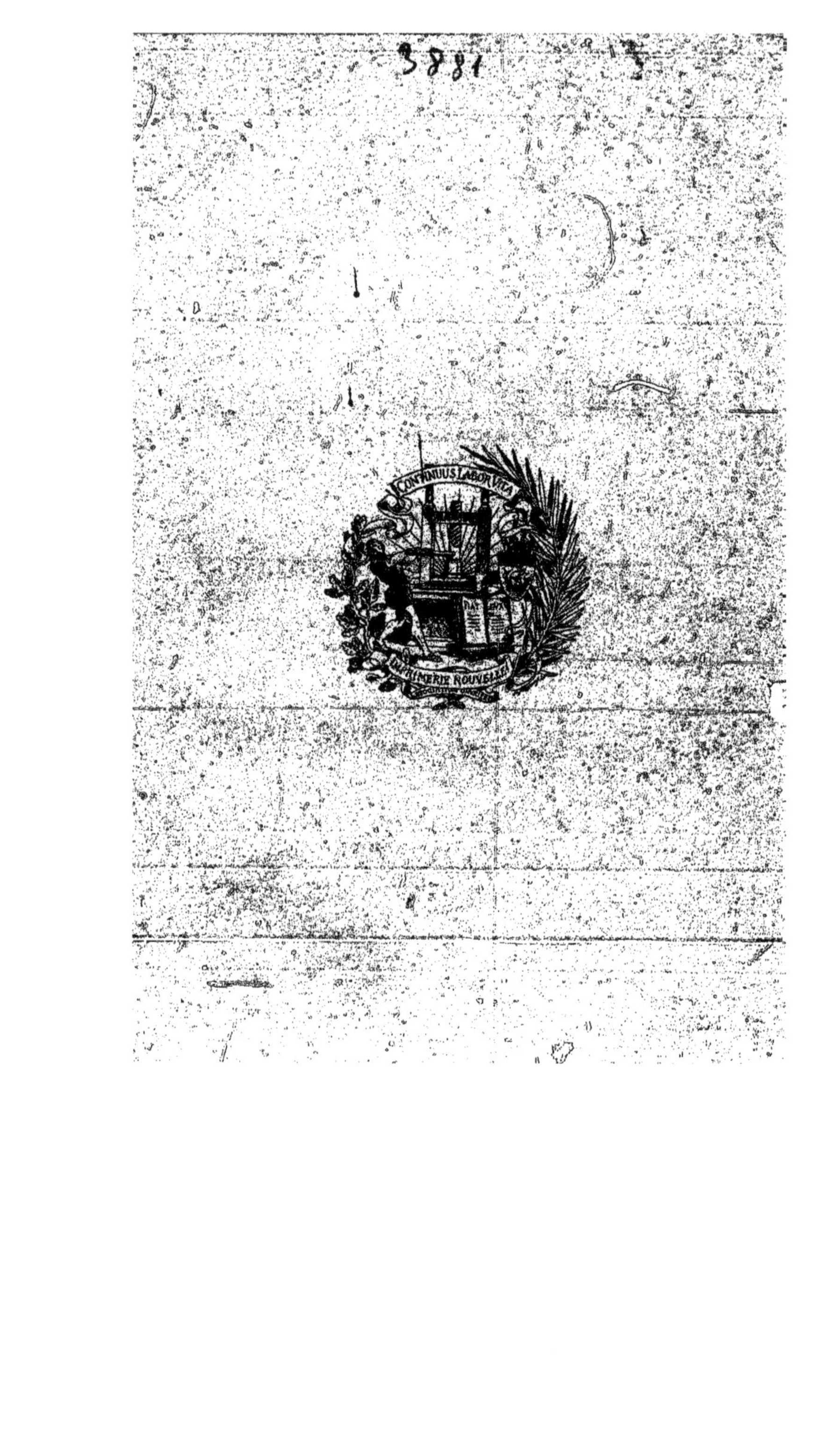

www.ingramcontent.com/pod-product-compliance
Ingram Content Group UK Ltd.
Pitfield, Milton Keynes, MK11 3LW, UK
UKHW022111170726
13837UKWH00003B/1158

9 782019 713829